昔話絵本を考える

東京子ども図書館
松岡享子 著

日本エディタースクール出版部

目　次

装本・新谷雅弘

一　昔話と子ども・昔話絵本と昔話

わたしたち――というのは、現在東京子ども図書館を活動の足場として共に働いている仲間のことですが――は、もう何年も前から昔話に深い興味をもちつづけてきました。わたしたちが昔話に興味をひかれたのは、一にも二にも子どもたちが昔話に対して示す反応によります。わたしたちは、それぞれ自分たちが勤めていた図書館や、世話をしていた文庫で、子どもたちにお話をしてきましたが、その経験の中で、だれもが一様に強い印象を受けたのは、昔話を聞くときに子どもたちが見せる反応の強さでした。話をするときは、語り手と聞き手の間に、凧の糸のように、一種糸が張られたような感じがあるものですが、昔話の場合は、それ以外の話、つまり創作のお話の場合に比べて、この糸の手ごたえが格段に強いのです。それに、創作のお話は、うまくいくときといかないときがあって、子どもの反応にばらつきが多いのに対して、昔話は、どんなときにもかなり安定した反応が期待できます。これは、創作は聞き手を選ぶ、つまりある話をよくわかってたのしんでもらうためには、このくらいの年齢でこういう感覚をもった聞き手でないと……といった話の側からの要求があるのに対し、昔話にはそれがない、ということです。昔話は、五歳から十二歳くらいまでの幅広い年齢の、経験や能力や興味にもそれぞれ差のある子どもたちを、ほとんど例外なしにひきつけてしまうのです。

さらにもうひとつおもしろいことは、相手が大人と子どもでは、昔話の聞き方にずいぶん違いがあるということです。月例の「お話の会」や、お話の講習会を始めるようになって、わたしたちは、子どもだけでなく、大人に話をしたり、大人といっしょにお話を聞いたりする機会を数多くもつようになりました。そこで気がついたことは、子どもと大人とでは話の聞き方が違う(当然といえば当然なのですが)、しかも、それがいちばんはっきり出るのは昔話だ、ということでした。概して、大人は、昔話をあまり喜びません。ふつうの大人は、やはり心の内面を扱ったもの、描写の美しいもの、雰囲気のあるものを好みます。(大人が昔話を心底たのしめるようになるには、心を単純なレベルにひきもどし、その代わり存分に空想を働かせることができるように、自分を訓練しなおさなければならないように思います。)このことは、本来、大人と子どもの共有の文学であった昔話が、今日ではすっかり子どもの領域に押しやられている事実と考え合わせるとき、ますますわたしたちの興味をそそりました。してみると、昔話には、なにか子どもの、ものの感じ方、考え方など、子ども特有の心の働きにぴったり合う要素があるに違いありません。それは何なのか。なぜ、それがうまく子どもに伝わるのか。昔話が子どもに働きかける大きな力の秘密をなんとかさぐってみたい、と願うところから、わたしたちの昔話勉強がはじまりました。

さて、昔話について勉強したいと願ったものの、最初のうちは、どこから手をつけてよいか、正直なところよくわかりませんでした。とりあえず、少しでも昔話に関係のありそうな本を見つけては読んでみる、といったことをしていました。しかし、そのころ――というのはもう十年も前のことですが――昔話についての研究書というのは民俗学の分野のものがほとんどで、それらは、わたしたちのいちばんの関心、すなわち、昔話はなぜ子どもの文学としてよいのか、という疑問には直接こたえてくれないように思えて、もどかしさと頼りなさを感じていました。

そんなわたしたちの前に、マックス・リュティ[1]の『ヨーロッパの昔話』(小澤俊夫訳、岩崎美術社、一九六九年)が現われたのです。これは、昔話を文学の立場から研究し、その表現の特質がどこにあるかを論じたものですが、このときはじめて、わたしたちは、自分たちの疑問に、納得のいく解答を示してくれる本にめぐりあったという気がしました。著者のリュティは、この本で、それまでわたしたちがまったく知らなかった新しい切り方で、昔話からその表現様式の中にある本質を切りとって見せてくれたのです。リュティは、昔話をなにも子どもと関連づけて論じているわけではありません。しかし、仕事の経験から、少し子どものことがわかりかけていたわたしたちは、リュティのいう昔話の表現上の特質が、まさに子どもたちの能力や要求にぴったり合ったものだということをよく理解することができました。

たとえば、リュティは、昔話は「一貫して、個性化する性格描写を放棄している」(同四五ページ)といっています。これは、昔話に出てくる人物には、個性がない(従って名前もない)ということです。おじいさんならおじいさん、百姓なら百姓というだけで、それ以上その人の人となりについては語らない。せいぜい「よいおじいさん」「かしこい百姓」というくらいです。これは、際立った、あるいは微妙な個性をもった人物と、そのからみあいのおもしろさが魅力となる小説と大いに違うところですが、大人がこうした小説のおもしろさをたのしむことができるのは、これまでの生活の経験の中で、さまざまな個性をもつ人間にふれており、人間の性格というものを理解しているからではないでしょうか。経験もあまりなく、性格という面から人間を見ることをまだ覚えていない子どもにとっては、個性ある人物の織りなす心理のあやといったものよりも、出来事が先へ先へと筋を進めていく、昔話のような物語のほうが、ずっとおもしろいだろうことは、容易に理解できます。

リュティは、また、「昔話は、あらゆる極端なものをこのみ、とくに極端な対照をこのむ」(同六二ページ)といっています。これは、人物についていえば、よいおじいさんはあくまでもよく、わるいおじいさんはあくまでもわるい。顔かたちの美しい娘は、心もやさしく、働き者、きりょうのわるい娘は、意地悪で怠け者、というふうに描く、昔話の単純で極端な人物像をさします。大人には、深みがなく、現実味に乏しいと見えるこのような人物設定も、子どもには適している——というのは、子どもの想像力は、極端な、誇張された人物像によって大いに刺激されるからですし、このように生身の人間から切りとられ、単純な形にしてさし出されて、はじめて、子どもは、人間の性質というものをよく理解することができるからです。人物に奥行きや影がないからこそ、子どもたちは、昔話の中に、現実に知っている人間——いろんな性質を複雑に合わせもって、日常生活を営んでいる大人たち——からはつかみだすことのできないドラマを見出して、たのしむことができるのです。

ここにあげたような昔話の表現上の特質は、リュティが、平面性とか、抽象的様式とか呼んでいるものですが、リュティは、『ヨーロッパの昔話』の中で、くりかえしくりかえし、昔話は、現実をあるがままに映しだそうとしているものではないことを説いています。そして、それは、昔話が、現実の複雑さや、奥深さを描く力に欠けているからではなくて、むしろ、非常に高度な、芸術的形成力をもっているからなのだ、と。

リュティの言によれば、昔話は「具象的世界をつくりかえ、その諸要素に魔法をかけてべつな形式をあたえ、そうやってまったく独自な刻印をもった世界をつくりだす」(同四二ページ)ものだというのです。言いかえれば、人間の生活や、心の動きを、そのまま写しとろうというのでなく、そこから本質的なものを抽出して、それを際立った、くっきりしたドラマにして、象徴的に描こうとするのが昔話なのだということでしょう。そして、そのように高度に様式化され、象徴的な表現をとっているからこそ、かえって経験の貯えの少ない子どもに理解されるのだと思います。

『ヨーロッパの昔話』にめぐり合って、昔話の表現のこうした本質的特徴を教えられ、また、ここでとられているような見方で昔話を見ることを教えられたことは、その後のわたしたちの昔話勉強に、どれほど大きな力になったかわかりません。たとえば、再話ひとつとってみても、それまでは、経験的に、「この再話は、なんだかあまりおもしろくない感じ」とか、「同じ『おむすびころりん』でも、この本のは話しやすいが、こちらだとどうも話しにくい気がする」などとはいえても、なぜそうなのかについて、自分にも他人にも納得がいくように説明することができませんでした。しかし、この本を読んでからは、自分たちが感覚的によくないと思っていたことが、やはり昔話の本質からずれていたことがわかって、自信を得ることができましたし、昔話の再話のよしあしなどについては、ずいぶんはっきりした判断を下せるようになりました。

ここでとりあげることになった、昔話を絵本にすることについてのさまざまな問題にしても、リュティに教えられた昔話についての理解がなかったら、これほど問題を整理して考えることはできなかったろうと思われます。リュティの著作は、のちに、もう一冊、『昔話の本質――むかしむかしあるところに――』が、東京外国語大学教授野村泫氏によって翻訳され（福音館書店、一九七四年）、わたしたちの昔話理解をいっそう助けてくれました。[2]

その後、野村泫先生から、ロシアのウラジミール・プロップの、昔話の構造についての興味深い学説を紹介していただくなどして、わたしたちの昔話の勉強は続いてきたのですが、勉強をする上で、昔話というとき、わたしたちが問題にしたのは、あくまで語られた昔話でした。わたしたちは、子どもに昔話を語るとき、ことば以外のものの助け――紙芝居とか、スライドとか、人形とか――を借りることはほとんどしませんでしたし、「三びきの子ブタ」や「赤ずきん」など、絵本になったものがある場合でも、お話は、お話だけで語っていました。それでも十分おもしろいし、それが本来の姿だと思っていたからです。

逆に、『ふしぎなたいこ』『三びきのやぎのがらがらどん』『おおきなかぶ』[3]など、絵本になった昔話を子どもに読んでやることもよくしましたが、それらの絵本については、とくに、語ることと絵にすることの違いについて考えさせられるということはありませんでした。そのようなわたしたちに、はじめて「昔話を絵本にすること」の是非について真剣に考えさせるきっかけをつくったのは、一九七一年に出版されたフェリクス・ホフマン(4)の『七わのからす』(瀬田貞二訳、福音館書店)でした。

ホフマンは、スイスの生んだ世界的に有名な絵本画家で、すでに一九六三年に翻訳、出版されていた同じグリムの『ねむりひめ』や、六七年に出た『おおかみと七ひきのこやぎ』(いずれも福音館書店)によって、わたしたちは、その清潔で美しい絵、緊密に構成された画面、そこに描かれたホフマン独自の解釈と想像による興味深い細部《ディテール》などに親しんでいました。そのホフマンの手になる新しいグリム昔話の絵本が出たというので、わたしたちは、大きな期待をもってこの本を開きました。ところが、一場面一場面ページをくっていくうちに、だれもが一様に、ある違和感を覚えたのです。わたしたちの中には、この話を持ち話にしていて、何度も子どもに語って聞かせていた者もおりましたし、そうでない者も、一度ならずこの話が語られるのを聞き、活字でも読んでいました。そうして自分たちの中に自然につくりあげてきたこの話のイメージが、ホフマンの描く絵とどうも合わないというのが、わたしたちのまず最初に抱いた感じでした。

これがホフマン以外の作家の作品だったら、わたしたちは、おそらく「わたしたちのイメージとはずいぶん違うわね」というだけで片づけていたでしょう。実際、わたしたちが、それまで、昔話絵本について、それを「語ること」との関係において、真剣に考えてみようと思わなかったのは、わたしたちにそうするよう促すほど、良心的につくられた、芸術的にも質の高い絵本で、しかも、耳で聞いたときの感じと鋭く違った印象を与える絵本に出くわさなかったからです。

画面数に合わせて、くりかえしを適当にはぶいた再話、結末を改ざんした再話、極端にマンガ風にして、子どもに媚びた絵、チョコレートの包み紙にしたほうが似合いそうな甘ったるい絵など、一目でいいかげんに作られたことがわかる絵本(そんな絵本がどんなに多いことでしょう!)では、まじめに「昔話絵本」について論じる気持にはなれません。しかし、ホフマンは違います。ホフマンは、子どものものだからといって、手を抜くようなことはしない作家です。さきに紹介された『ねむりひめ』や『おおかみと七ひきのこやぎ』で、わたしたちは、ホフマンの良心的な製作態度を承知していましたし、画家としてのすぐれた力量も知っていました。スイスとはいえ、グリムと同じドイツ語圏、いわば本場の絵本ですし、その上、ホフマンは、一貫してグリムの昔話を絵本にする仕事と取り組んでいるのです。

そのホフマンの絵本で、しかも、前二作のときには感じなかった違和感を『七わのからす』において強く感じたということが、わたしたちに昔話と絵本について考えさせるきっかけになったのでした。そこで、わたしたちは、その絵本が出版された年(一九七一年)の夏、例年開くことにしていた合宿で、この問題をとりあげ、それぞれの心の中にあったこの物語のイメージと、この絵本から受けたイメージの、どこがどう違うのか、くわしく検討してみることにしたのです。それは、たいへんおもしろい話し合いになりました。その結果、他の作品のときにはもたなかった——少なくとも、それほど強くは感じなかった——違和感が、『七わのからす』において鋭く感じられたのは、主として話の性質によることと——このことについては、のちにくわしく述べます——がわかったのですが、それはそれとして、このとき、参加者が、物語から受けた感じと、絵本から受けた感じの違いを、ひとつひとつ挙げ、それがなぜ生じたのかを考えていく過程で、「語る」ことと「絵にする」ことの、それぞれの表現の特質と、その違いが、わたしたちにも、少しずつ明らかになってきたのです。そして、そこで出てきた問題を整理していくうちに、本来語り、聴くことで成り立っている昔話を、絵本という、主として視覚に訴えるものにおきかえる際に生じる問題一般についても、考えることができるようになりました。この問題は、わたしたちには、たいそう興味のある問題だったので、わたしたちは、その翌年も、同じテーマで合宿をし、その後も、ひき続き、このことについて考えつづけてきました。

この本は、二回の合宿での話し合いの成果を軸に、わたしたちの昔話絵本についての考えを整理しようという試みです。考えてみれば、最初の合宿から、もう九年もたってしまいました。まとめるのにずいぶん時間がかかってしまいましたが、それは、ひとつには、わたしたちの東京子ども図書館が、この間に、「設立準備委員会」から正式の財団法人へ発展し、お話の講習会の開催や、機関紙の発行など、次々に大事な仕事が始まって、まとめるための十分な時間がとれなくなったからですし、またひとつには、その後も、この問題について考える材料が少しずつ加わり、問題がまだまだ先へ広がっていくような感じがあったからです。

とくに、ここ二、三年の間に公にされた、心理学の分野での昔話研究は、昔話についての、わたしたちの関心を、一挙に広げ、深めてくれました。中でも『昔話の深層』(河合隼雄著、福音館書店、一九七七年)や、『昔話の魔力』(ブルーノ・ベッテルハイム著、波多野完治・乾侑美子共訳、評論社、一九七八年)は、子どもと昔話のかかわりを追求しようとするわたしたちにとっては、画期的と呼びたいような本でした。わたしたちは、これらの書物によって、昔話が扱っているのは、実はわたしたちの心の深奥で起こっているドラマなのだということを知らされ、はじめて、昔話と無意識との深いかかわりについて目を開かされたのです。こうした研究書に出合うことによって、わたしたちは、わたしたちがながい間抱きつづけてきた疑問、すなわち、昔話はなぜ子どもにこれほど強く訴えるのかについて、リュティのとはまた別の面から、ひとつの答を与えられた気がしました。

合宿で、絵本になった昔話について話し合ったとき、わたしたちは、まだ、昔話に対するこうした心理学的な見方を知りませんでした。しかし、わたしたちが、たとえば、昔話の再話について、リュティの著作にめぐり合う以前から、自分たちの〝感じ〟に基づく判断をもっており、それが『ヨーロッパの昔話』を読むことで、より確かな、自分たち自身にも説明のつくものになったように、ベッテルハイムや、河合氏の書物は、わたしたちが昔話絵本について、漠然とながら強く感じていたひとつの危惧――昔話を最初からすべて絵にして子どもに見せるのはよくないのではないか、という――に、心理学上から、動かし難い根拠を与えてくれた気がします。

わたしたちの合宿の――そして、この本の、最初の目的は、昔話を耳で聴くことと、同じ話を絵本になったもので見る(あるいは、読む)こととの間にある違いを、明らかにすることでした。十分とまではいかなかったにせよ、少なくとも、わたしたちは受け手である子どもたちにとって、この二つが、けっして同じものではないことを明らかにすることができたと思います。そして、そのことは、当然、昔話を安易に絵本にしようとする児童出版界の風潮や、昔話ならどんな形で子どもに与えられても同じではないかとする大人たちの考えに対して、強い批判の眼を向けることになりました。

わたしたちが「昔話を絵本にすること」について、最初に問題を感じはじめてからのち、昔話絵本の出版は、ますます盛んになりました。テレビでも「日本昔ばなし」が連続放映され、一般の好評を得ました。それに刺激されて、アニメーション風の絵のついた昔話絵本が、大量に出まわるようにもなりました。世の中全体が、ものごとを〝絵にして見せる〟ことに熱心になっている今、昔話だけがその例外であることはできないのでしょう。

しかし、わたしたちは、この本をまとめることによって、ホフマンのような、すぐれた絵本作家によって、念入りに構想され、描かれた『七わのからす』でさえ、絵本にされたことによって子どもの受けとるものが違ってくること、子どもが当然お話から受けとるはずの意味が失われる場合があることを知りました。ましてや、物語の子どもの心に働きかける、かくれた意味や、芸術的な価値などを一切顧みずに作られた、画一的で甘ったるい絵、あるいは不必要にどぎつい絵による昔話絵本は、昔話とはいうものの、おおよそ本来の昔話がもっている意味とよさを失った、昔話とは似て非なるものだといわなければなりません。昔話のおもしろさ、ふしぎさ、美しさ、子どもに訴える力の強さ、与える喜びの深さを学んだわたしたちとしては、昨今の、このような安易な、また過剰な昔話の絵本化を、だまって見過ごすことはできないという気がします。

わたしたちは、この本の中で、わたしたちがそのような考えをもつに至ったみちすじを、できるだけ忠実にたどるようつとめました。これによって、子どもの本にかかわる人たちが、昔話を絵本にすることの中に含まれているさまざまな問題を、今よりは真剣に考えてくださるように、というのがわたしたちの願いです。

（1）マックス・リュティ（Max Lüthi, 1909-1991）スイスのベルン生まれ。ベルン大学で、英文学、ドイツ文学、歴史学を専攻。チューリッヒ大学教授として、ヨーロッパ民間伝承文学を講じた。

（2）一九八二年に『昔話の解釈――今でもやっぱり生きている――』が出版された。巻末の参考文献を参照。

（3）本文中に出てくる昔話絵本については、巻末の一覧を参照。

（4）フェリクス・ホフマン（Felix Hoffmann, 1911-1975）スイスの代表的絵本作家。繊細な線の美しさと、渋い色調で知られる。グリムの昔話絵本を数多く手がけている。（巻末一二七ページのリスト参照）

二　物語「七わのからす」の構成

前章で述べたように、昔話絵本についてのわたしたちの勉強は、ホフマンの『七わのからす』を材料に、耳で聴くお話と、絵本で見るそれとが、どのように違うかを検討するところから始まりました。わたしたちがたどった考えの筋みちをおわかりいただくために、ここでも、わたしたちがやった通りのことを追って、述べていくことにいたします。

わたしたちが合宿でまず最初にしたことは、メンバーのひとりに、物語を声に出して、ゆっくり、はじめからしまいまで通して読んでもらうことでした。残りの者は、集中して物語を聴き、そのイメージを思い描くように、また、この機会に、これまでこの話を何回か聞いて、めいめいが心に浮かべていたイメージを、もういちどはっきりさせるようにつとめました。そこで、読者のみなさんにも、まず、もとの物語にふれていただきたいと思います。(できれば、活字を目で追うのでなく、だれかに読んでもらって、耳で聴いていただけるとよいと思います。目を使うことをやめると、お話は、いっそう心の深みへ届くように思います。)

なお、テキストには、野村泫先生のご指導を得て、当館の佐々梨代子が日本語の文章にしたものを用いました。

七羽のからす

昔、ある男の人に、息子が七人ありましたが、娘がひとりもなかったので、女の子をほしい、ほしいと、思い暮らしていました。

ところが、そのうちとうとう、おかみさんにまた子どもができることになり、それがこの世に生まれてみると、願いどおりの女の子でした。

親たちの喜びはたいへんなものでしたが、その子は弱々しい、小さな子で、今にも死にそうに見えたので、急いで洗礼を授けなければなりませんでした。

父親は息子のひとりに、大急ぎで泉へいって、洗礼に使う水を汲んでくるようにといいつけました。すると、ほかの六人の男の子も一緒にかけだしていって、我先に水を汲もうとしたので、つぼは泉へ落ちてしまいました。

男の子たちは、途方にくれて、その場に立っていました。だれも、家へ帰る勇気が出ませんでした。

いつまでたってもみんなが帰ってこないので、父親はいらいらしてきていいました。

「あいつら、遊びに夢中になって用事を忘れてしまったんだな。しようのない奴らだ！」

そのうち父親は、女の子が洗礼も受けずに死んでしまうのではないかと、気が気ではなくなり、腹立ちまぎれに叫びました。

「ぼうずども、みんな、からすにでもなるがいい！」

すると、このことばが終るか終らないうちに、頭の上でばたばたと羽ばたきの音が聞こえ、見上げると、真黒なからすが七羽、空高く飛び去っていくのが見えました。

親たちは、いまさらこの呪いのことばを取り消すことはできず、七人の息子たちをうしなったことをかなしみましたが、それでもともかく、小さな娘がいてくれるおかげで、どうにか心を慰めることができました。

そして、その女の子は、やがて丈夫になり、日増しに美しくなっていきました。

さて女の子は、長い間、自分に兄さんたちがあることを知らずに暮していました。親たちが、女の子のまえで、兄さんたちのことをいわないように気をつけていたからです。

ところがある日のこと、女の子は、たまたま、よその人たちが自分のうわさをしているのを聞きました。その人たちは、あの娘は、たしかに器量よしだが、七人の兄さんが、あんな不幸なめにあったのも、実をいえばあの子のせいなのだ、といっていました。

これを聞いた女の子は、たいそう悲しんで、父親と母親のところへいき、自分に兄さんたちがあったというのはほんとうか、そして、その兄さんたちは、どこへいってしまったのか、とたずねました。

そこで親たちも、もうこれ以上、そのことをかくしておけなくなって、すっかり話してやりました。そして、兄さんたちにふりかかった不幸な出来事は、みんな神さまのおぼしめしで、おまえの生まれたことがきっかけになったとはいえ、おまえに罪はないのだ、といって聞かせました。けれども娘は、それからというもの、毎日そのことが心にかかり、自分が、兄さんたちを救わなければならないと、考えるようになりました。

そして、矢も楯もたまらなくなって、とうとうある日、こっそり家を抜けだし、広い世の中へ、兄さんたちを探しに出かけました。たとえどんな苦労をしても、兄さんたちを見つけだし、呪いをといてあげなければと、決心したのです。

そのとき娘が持って出たものは、親たちの形見に小さな指輪をひとつ、おなかがすいたときのために、パンをひとかたまり、のどがかわいたときのために、小さなつぼに水をいっぱい、くたびれたときの用意に、小さな腰かけをひとつ、ただそれだけでした。

さて娘は、どんどん、どんどん歩いて、遠い世界のはてにやってきました。それから、お日さまのところへいってみると、お日さまは、たいそう熱くて、恐ろしい人で、小さな子どもたちをむしゃむしゃ食べていました。娘は急いで逃げだして、お月さまのところへ走っていきました。ところが、お月さまは、とても冷たくて、こわくて、おまけに意地わるな人でした。そして、女の子に気づくと、「くさいぞ、くさいぞ、人くさい。」といいました。

そこで娘は、すばやく逃げだし、今度はお星さまのところへいきました。すると、お星さまたちは、娘にやさしく、親切にしてくれました。ひとりひとり、それぞれ自分の小さないすに腰かけていましたが、あけの明星はいすから立ちあがると、娘に、ひなどりの骨を一本くれて、いいました。

「このひなどりの骨を持っていないと、ガラスの山の戸はあけられません。そのガラスの山の中に、おまえの兄さんたちはいるのです。」

娘はひなどりの骨を受けとり、大事にきれいに包んで、またどんどん歩いていきました。ようやくガラスの山につくと、山の戸は閉まっていました。

そこで娘が、あのひなどりの骨を出そうと思って、きれを開いてみると、中はからっぽでした。娘は親切なお星さまの贈りものをなくしてしまったのです。どうすればいいでしょう。兄さんたちを救いだしたいと思っても、かぎがなければ、ガラスの山へは、はいれません。

やさしい妹は、ナイフを取りだし、自分の小さな指を一本切り落として、戸にさしこみました。するど、戸はうまくあきました。

娘が中へはいっていくと、小さな小人が出迎えて、

「じょうちゃん、何をお探しだね?」と、声をかけました。

「あたし、兄さんたちを探しているんです。兄さんたちは、七羽のからすなんです。」と、女の子は答えました。

「からすの殿方は今おるすじゃ。だが、お帰りまで待つつもりなら、こちらへおはいり。」

小人はこういうと、からすたちの食べものをいれた七つの小さなおさらと、飲みものをいれた七つの小さなさかずきを、そこに運んできました。小さな妹は、どのさらからもひとくちずつ食べ、どのさかずきからも、ひとくちずつ飲みました。そして、いちばんおしまいのさかずきの中に、自分が持ってきた指輪を落としておきました。

そのとき突然、ばたばたという羽ばたきの音が聞こえ、からすたちが空を切って降りてきました。

「さあ、からすの殿方のお帰りじゃ。」と、小人がいいました。

やがて、からすたちははいってきて、めいめい、自分のおさらやさかずきを探して、食べたり飲んだりしようとしましたが、口ぐちにいいだしました。

「わたしのさらから食べたのはだれだ、わたしのさかずきから飲んだのはだれだ、人間が口をつけたな。」

そして、七ばんめのからすが、自分のさかずきを飲みほしたとき、そこから、小さな指輪がころがり出てきました。よく見ると、それは、親たちの指輪でした。

そこで、そのからすは、

「ああ、もし、妹がここに来ているのならいいが。そうすれば、我々はみんな、救われるのだ。」と、いいました。

戸のかげにかくれて、じっと耳をすましていた妹は、この願いを聞くと、さっとその場へ出ていきました。

するとたちまち、七羽のからすは、みんなもとの人間の姿にかえりました。

そこでみんなはお互いに、かたく抱きあい、キスをしあって、大喜びで一緒に家へ帰りました。

お読みになりながら(あるいは、お聴きになりながら)、みなさんの心のスクリーンには、どのようなイメージが浮かんできたでしょうか。私たちが思い浮かべたイメージについては、第三章で、絵本の絵と対比させて、くわしく述べることにいたしますが、その前に、この物語の構成を見ておきたいと思います。

物語「七わのからす」の構成

すでにおわかりのように、この物語は、数あるグリムの昔話の中でも、よく形の整った、いかにも正統的な昔話という印象を与える物語です。また、昔話の例にもれず、幸せな結末をもっていますが、全体に暗い、といってわるければ、真面目で重い感じがあって、どこか心の奥にふれてくるものがある話です。

物語は、男の子たちがからすになる前半と、女の子が兄さんたちを助ける後半とに分かれていますが、事件は簡潔に、力強く語られ、筋の発展を促すポイントがはっきりしています。もういちど物語の流れをたどりながら、そのポイントを、ひとつひとつ押さえてみましょう。

第一段　ある人に七人男の子があり、女の子をほしがる。

話のはじまり。男の子ばかり七人ある夫婦がいて、女の子をほしがっていたことが語られます。女の子の誕生を願うこと。その願望が、話を次の段階へすすめるポイントになっています。

第二段　待望の女の子が生まれる。

冒頭で話の枠が設定されたすぐあと、女の子の誕生という、重要な事実が語られます。前段で与えられた枠の中に、物語の始まりを示す点が明示されたわけです。

ところが、この子が今にも死にそうなほど弱い子だったことから、この生まれたばかりの女の子をめぐって、すぐ物語が動きはじめます。

第二段のポイントは、女の子の誕生と、この子の洗礼が急がれたため男の子のひとりが泉に水を汲みにやられることです。

第三段　男の子たち、女の子の洗礼の水を汲みに泉に行って、つぼを水中に落とし、うちに帰れなくなる。

第三段で、物語は、はやくもひとつの緊迫した場面を迎えます。男の子たちは、先を争って水を汲もうとして、つぼを泉に落とします。事の重大さに、子どもたちはその場に立ちつくしたまま、帰れなくなってしまいます。ここでのポイントは、つぼが泉に落ちること、そのために男の子たちが家に帰れないことです。

第四段　父親、呪いのことばを吐き、男の子たちはからすになる。

ドラマ前半の最大の山場です。

家で待つ父親はしびれをきらし、思わず悪態をついてしまいます。「ぼうずども、みんな、からすにでもなるがいい！」と。そのことばが終るか終らないうちに、男の子たちはからすに変わります。「羽ばたきの音」と「まっ黒なからす」。聴覚と視覚の両方から、不気味な感じが迫ってきます。

父親の口から出た呪いのことばと、その結果である男の子たちのからすへの変身が、第四段目のポイントです。これは、同時に物語前半の最大のポイントでもあります。というのは、ここで物語はその前半分を終るからです。ここまでのところでは、物語の中で動いてきたのは父親と七人の男の子たちです。女の子は、その誕生が、両親、なかんずく父親によって強く望まれ、その洗礼の水のために兄たちの不幸を招くという具合に、物語の発展のカギになってはいますが、ここまでは単に〝存在している〟だけで、まだ自分からは何の行動も起こしていません。いわば潜在的な主人公でした。女の子が主役を演じる舞台は、これから先、物語の後半にあるのです。

第五段　女の子、からすになった兄たちのことを知り、兄たちを救おうと決意して、旅に出る。

ドラマの後半が始まりました。いよいよ女の子が、主人公として動きはじめます。時がたち、女の子が成長して、兄さんたちの存在と、その不幸な運命を知ります。そして、なんとしても兄さんたちを救い出そうと決心します。

女の子が旅に出かけるところから、物語は、文字通り動きはじめます。これまでは、物語の舞台は、一貫して兄妹たちの家庭でした。ここからは、新しい場所が舞台となります。主人公が旅に出る——これは昔話にはたびたび出てくるモチーフですが、わたしたちが物語を語った経験からいうと、どの話でも、主人公が旅に出た瞬間から、聞き手の集中はぐっと高まり、身を乗りだして話にはいってきます。「七わのからす」でも同じです。女の子が旅に出かけた瞬間から、話に寄せる子どもたちの関心は、ぐっと緊密の度を増します。

女の子が兄たちのことを知る。救い出す決心をする。旅に出る。この三つが、五段目のポイントです。

なお、このとき、女の子が持っていった品物が四つあげられます。親たちの形見の指輪、おなかがすいたときのためのパン、のどがかわいたときのための水をいれたつぼ、くたびれたときのための腰かけ、の四つです。パンとつぼと腰かけの三つは、主人公がどんなに遠くへ旅立つかを暗示する役目を果たし、聞き手に、主人公の旅についていく心の準備をさせます。この三つが、肉体の要求に応えるものであるのに対し、指輪は、親の思い出という、いわば、精神的な意味がこめられたもので、のちに出てくるように、兄たちとのつながりを証する重要な役割を果たします。

第六段　女の子は世界のはてにつき、あけの明星から、兄たちのいるガラスの山へはいるかぎ——

ひなどりの骨——をもらう。

さて、旅に出た女の子は、どんどん、どんどん歩いて、世界のはてにやって来ます。世界のはてとはどんなところか、具体的にはわかりません。ただ、この世とは隔絶した場所という感じがするだけです。したがって、女の子が住んでいた場所と世界のはてとの距離も、長さではかられる距離であるよりは、むしろ質の差であるような気がします。ですから、ことばとしては、「どんどん、どんどん歩いて」とだけしか表現されていませんが、それでも、耳で聞いていると、世界のはてとこの世の間のへだたりが十分感じられるのです。

ところで、具体的にどういう場所かはわからないながら、世界のはてには、お日さまと、お月さまと、お星さまたちがいて、はじめのふたりは女の子をこわがらせます。あとの星たちは、女の子にやさしくしてくれます。中でもあけの明星は、女の子に兄さんたちのいるガラスの山へはいるために必要なかぎをくれます。

この六段目で注目したいのは、物語は、ここでこの世を超越した世界にはいったということです。子どもをむしゃむしゃ食べるお日さま、「くさいぞ、くさいぞ、人くさい！」という、冷たくて恐ろしいお月さま。小さないすに腰かけているやさしい星たち。そして、ガラスの山。これらひとつひとつが呼びさますイメージが、聞き手をこの世ならぬ世界へひきいれます。そして、物語の発展のポイントとなるのは、さがし求めていた兄たちの居場所がガラスの山だとはっきりわかったこと、および、そこへはいるかぎが与えられたことです。

第七段　女の子は、なくしたかぎの代わりに自分の指を切り落としてかぎ穴にさしいれ、ガラスの山にはいる。

もうすぐ兄たちに会えるところまで女の子がやってきたことで、わたしたちは、ドラマがいよいよクライマックスに近づいたことを感じます。ところが、ここで思わぬ難事に陥る——というのは、せっかくのかぎがなくなっていることが、ガラスの山の戸の前でわかるからです。女の子は、代わりに自分の指を切り落とし、戸にさしこみます。子どもたちが一瞬緊張する場面です。しかし、戸はあき、難事は切り抜けられました。ガラスの山の戸が切り落とした主人公の指であく、それが、この段のポイントです。

第八段　女の子はガラスの山の内部にはいり、小人の指図でからすの帰りを待つ。

ガラスの山の内部へはいったこと、小人が現われたことで、この世ならぬ世界の神秘は、いよいよ深まり、聞き手にさあ何か起きるぞという期待を抱かせます。そこへ、七つのさら、七つのさかずきが示され、それによって、七わのからすがもうすぐ現われるという期待は、いやが上にもつのります。女の子が、それぞれのさらとさかずきから飲み食いすることは、よくはわかりませんが、七人の兄さんたちとの肉親のきずなの回復を象徴しているように感じられます。そして、親の思い出の品である指輪が、最後のさかずきの中にいれられ、兄たちを待つ女の子の準備は完了します。

ガラスの山の内部で兄たちを待つ、これが、この段のポイントです。

第九段　からすたち帰ってくる。呪いはとけ、女の子は、人間の姿にもどった兄たちといっしょに家へ帰る。

いよいよクライマックスです。男の子たちのからすへの変身を先ぶれしたと同じあの羽ばたきの音がふたたび聞こえ、からすたちがもどって来ます。さらとさかずきの変化に気がついたからすたちは、口々にさわぎはじめ、最後に指輪を見つけた七番目のからすが、「ああ、もし、妹がここへ来ているのならいいが」と、さけびます。それを聞いて女の子が、かくれていた戸のかげから姿を現わすと、その瞬間、呪いはとけ、兄たちは、もとの人間にかえります。兄さんたちを救おうという主人公の目的は達成され、物語は完結します。からすであった男の子たちが人間にもどった、これが、この物語をしめくくるポイントです。

いかがでしょう。話の節目、節目に、はっきりしたポイントがあって、ひとつのことが引き金になって、次のことが起こり、それが原因で、その次の事態に至る、というふうに、物語が緊密に結ばれたくさりのように展開していることがおわかりいただけたと思います。ところで、そのポイントですが、いまいちどおさらいをしてみますと、

一、七人の男の子をもつ夫婦、女の子をほしがる。
二、女の子の誕生。
三、男の子たち、つぼを泉に落とし、うちに帰れなくなる。
四、父親、呪いのことばを吐き、男の子たち、からすに変身。
五、女の子、兄を救おうと決意して、旅に出る。
六、世界のはてで、兄たちの居る場所へいくかぎが与えられる。
七、女の子、なくしたカギの代わりに、自分の指を使ってガラスの山へはいる。
八、女の子、小人の指図でからすたちを待つ。
九、呪いはとけ、からすは人間にもどる。兄妹は、そろって家へ帰る。

と、なります。そして、なおよくこれらのポイントとなる事件や状況を生み出した力《エネルギー》は何かと考えてみると、それは、強い感情であることがわかります。女の子がほしいという願望(欲望)、いつまでももどって来ない男の子たちへの苛立ち、女の子が今にも死ぬのではないかという心配、こらえきれず思わず呪いのことばを口走るほどの腹立ち、兄たちを救い出したいという願いと決心、自分の指を切ることも辞さない強い決意など、人間の心の奥深くで働く強い感情が底にあって、物語を動かしていることがわかります。

感情は、そのままでは絵になりません。その点、木から木の実が落ちた。それが、下にいるリスの頭に当った。驚いたリスはとびあがってかけ出した……といった物語と違い、『七わのからす』は、最初から絵におきかえることの非常にむずかしい物語だといえそうです。

物語の中で重要な意味をもつ行為にしても、生まれるとか、知るとか、旅立つとか、待つとか、絵になりにくいものばかりです。その上、この物語には、変身とか、世界のはてへ行くとか、想像の中でこそ自由に操作できるものの、具体的に視覚的イメージにおきかえるとなると、大きな困難が予想される要素がふんだんに含まれています。

絵にするにはむずかしい条件を数多くもったこの物語を、では、ホフマンは、どのように絵本に仕立て上げたのでしょう。絵本になった『七わのからす』を見ながら、絵なしに物語を聴いたときにわたしたちが思い浮かべたイメージと、絵本の絵がさし示してくれるイメージとを比べてみることにしましょう。

三　ことばが語るものと絵が示すもの

ホフマンの手になる絵本『七わのからす』は、横長で、大判の絵本(22×30cm)です。ページ数は三十二。場面数は二十。うちひとつの場面が見開き両面にわたっているものが四、残りの絵は、ほとんどが右ページを使って書かれています。

色は、石版を用いた五色刷で、全体にやわらかな色調の中に、透明な感じの黄色、目をひきつけるオレンジ、深みのある濃緑と青が、それぞれ効果的に用いられ、美しい画面をつくり出しています。

前章で、物語を九段階に分けて、筋の発展を促すポイントを考えましたが、絵本の二十場面の絵が、それとどう対応しているかを見てみると、次のようになります。

第一段目　二場面
第二段目　なし
第三段目　三場面(うちひとつは色のないカット)
第四段目　一場面

第五段目　四場面
第六段目　三場面
第七段目　二場面（うちひとつは二色のカット）
第八段目　二場面
第九段目　三場面

物語の段落と、絵とは、必ずしも一致していませんし、ひとつの段落に対応する絵の数も同じではありません。筋の発展の上で重要なポイントが、絵になっていないところもあります。一場面ずつ順を追って絵を見ていきながら、物語と絵がどう対応しているか、それぞれの絵がどんなイメージをわたしたちにさし出しているか、それがわたしたちが物語を聴いて思い浮かべたイメージとどう食い違っているかを、わたしたちが合宿で話し合ったことをもとに検討してみたいと思います。

第一段目

「むかし、あるいえに　むすこばかり　七にんいて、むすめがいないので、おとうさんは、おんなのこもほしいと　おもっていました。」

文章にすればたったこれだけの冒頭の部分が、絵では二場面になっています。第一の場面では、七

むかし、あるいえに　むすこばかり　七にんいて、

人の男の子が両親と食卓についています。画面右端にいる父親はパンを切りにかかってお り、母親は器にはいった料理をもって画面左端から現われるところです。この二人にはさまれて、男の子が七人、いずれもお母さんのもって来たごちそうにじっと目をそそいでいます。男の子たちは、ひとりひとりそれぞれに描きわけられており、年齢も二歳くらいから十四歳くらいまでと、はっきり設定されています。裕福とまではいかないかもしれないが、けっして貧しくはない家庭の様子が、家族の服装、室内の家具、食器などによって、具体的に描かれています。

続く第二の場面では、男の子たちのうち、上の五人は取っ組み合いの喧嘩をしています。下のふたりのうち、ひとりは泣き声をあげ、

もうひとりはラッパを吹いています。かなりの騒音が聞こえてきそうな場面です。背景は一切描かれていませんが、室内らしく子どもたちの足もとには、積木やおもちゃがころがっています。

わたしたちは、まず絵本のこの冒頭の部分の扱いに驚きました。耳で聴いていると、この段階では、まだほとんど何のイメージも浮かんできません。ただ男の子が七人ということ(なかんずく七という数)と、女の子がほしいということが印象づけられるだけです。聞き手のイメージの中では、七人の男の子たちはひとかたまりの存在であり、七人別々の存在ではありません。年齢の開きもなければ、顔かたちの違いもない。まして、服装などは思い浮かびません。まるで、男の子たちは、

むすめがいないので、おとうさんは、
おんなのこもほしいと　おもっていました。

女の子の誕生が望まれていたということを導き出すための下地として登場しただけのように感じられます。（ちょっと横道にそれますが、この絵本の訳文「おとうさんは、おんなのこもほしいとおもっていました」は、よくないと思います。ひとりで兄たち七人の運命を変えてしまうほどの女の子の誕生なのです。女の子もほしがっていた程度では弱すぎ、その後に展開する事件の重大さとつり合いがとれません。ここは、七人ものむすこの存在を無視するほど女の子をほしがった。女の子こそが待たれていた、のですから、「女の子をほしいとおもっていました」でなければならないと思います。）

事実、その後の物語の展開を見ても、冒険に乗り出す主人公は女の子であり、男の子たちは、話の中では常にひとかたまりの存在として扱われています。わずかに最後の場面で、七ばんめのからすが、指輪を見つけ、「ああ、もし、妹がここへ来ているのならいいが」と叫ぶことになっていますが、それとても七ばんめに特別の考え方や性質があったからではなく、ただ、このからすに七人全体の思いを代表させたにすぎません。この兄弟たちは、七人別々の人間である必要はなかったのです。数も、どうしても「七」でなければならない必然性はありませんでした。たったひとりの女の子のために、兄たちが鳥に姿を変えられるという話は、グリムの中にも、ほかにいくつか例が見られますが、それらは、「十二人の兄弟」だったり、「六羽の白鳥」だったりしています。「七羽のからす」も初版では、マイン地方の採集により「三羽のカラス」となっていたのを、のちに、ウィーンの話によって補われて、一八一九年版で七羽になったことがわかっています。(1) 要するに、数は、三でも、六でも、十二でもよかった。たくさん(複数)であることを示しさえすればよかったのです。

しかし、同じ〝たくさん〟でも、六や十二がなんとなくやわらかな、満たされた感じを与えるのに対し、七という数には、くっきりした強さと、ある種の不気味さがあります。リュティは、「昔話は数字一、二、三、七、十二をこのむ。それらはすなわちはっきりした刻印のある、そして発生的には魔術的意味と力をもった数字である。」と、述べています(『ヨーロッパの昔話』五九ページ)。たしかに話の冒頭に、いきなり七という数がはっきり打ちだされたことにより、聞き手の心には、ある緊張が生まれます。この数は、これからはじまる物語に、「魔術的意味と力をもった刻印」をおす効果がありす。これは、「男の子がおおぜいいた」とか「むすこばかりたくさんいた」とかいったあいまいな表現では、到底ひきだしてくることのできない効果です。

つまり、耳で物語を聞いている者は、冒頭のこの一節で、まず七という数字で導きいれられた魔法の雰囲気を感じとり、その中で、ひとかたまりとしての男の子たちと、それと対比しておかれる、まだ生まれないひとりの女の子を思います。とくに、女の子の誕生に対する父親の強い願望を感じます。

絵本の最初の二場面が与える印象は、これとは大いに違います。兄弟はひとかたまりではなく、年齢、服装、髪の毛の色と、別々に描きわけられており、かれらが、食事をしたり、取っ組み合いをしたりしている情景は、日常的で、魔法の雰囲気はありません。七という数が、耳からまっすぐとびこんできて、しっかり頭にとどまるのに対し、絵では、「ひとり、ふたり……」と数えなければ数はわかりませんし、〝刻印をおす〟形で印象に残ることもありません。そして、時間をかけて画面を眺めれば眺めるほど、生活の細部――みんなが何を着ているか、何を食べているか、どんなおもちゃで遊んでいるか――に注意がいきます。絵を見ているうちに、「男の子が七人もいる家庭、さぞかしたいへんだろう。食べ盛りの子どもたちを養うのは楽ではないし、うるさいし……」といった感想をもった者もいました。このように、絵には、その絵自身がさそう連想があり、それは必ずしも物語の本筋とは関係ありません。幼い子どもは、とくに、なんでもない細部に空想を刺激されることが多いものですし、それに気をとられて、読んでもらっているお話が耳にはいらなかったり、お話とは別の方向に考えが発展したりするものです。

それはともかく、絵本の冒頭に登場するのは、男の子だけです。そればかりか、絵からは、物語の次段への展開の決め手になる、女の子誕生への願望を感じとることもできません。お話では、潜在的とはいえ、女の子がいちはやく重要な存在として、聞き手の心の中に場所を占めるのと比べて、大きな違いです。文章でいえば最初の一文、話の冒頭から、すでにこれだけの開きが出ていることにご注目ください。

第二段目

第一段で、女の子誕生への強い願望が、画面の上では表現されていなかったと同様、誕生そのもの――それは、物語の開始を意味する非常に重要な事件ですが――も、絵にはな

そのうち、おくさんに、またこどもが
さずかって、うまれてみると、おんなのこ
でした。おやたちは、よろこびましたが、
あまりよわよわしくて　ちいさいこなので、
いきのびられるだろうかと　しんぱいに
なって、さっそく　せんれいをうけさせる
ことに　しました。おとうさんは、おお
いそぎで　せんれいの　みずをくんでくる
ように、むすこのひとりを　いずみへ
はしらせました。

っていません。絵を見ている者は、父親がむすこのひとりに窓からつぼをわたそうとしている絵をながめながら、「おくさんにまた子どもが生まれるしるしが見えたこと」、「それが実際に生まれてみると女の子だったこと」、「親たちがたいそう喜んだこと」、「しかし、赤んぼうは小さくて弱かったこと」等々、物語の展開にとっては重要な、しかも、かなり長い期間にわたる事実を、頭におさめなければならないわけです。つまり、物語の第三段目に相当する絵を見ながら、この部分を聞く(あるいは読む)ことになります。子どもたちは、絵を見て、男の子たちが何をしているのだろうと好奇心をそそられますから、女の子の誕生や、親の喜びや心配は、ことがらの重要さに見合う鮮明さでは子どもの心に刻まれず、おそらく、子どもの注意が、つぼを取り

そこで　七にんは
どうしていいか
わからずに、
そのばに　たちすくんで
しまいました。

あっている男の子たちに向けられている間に、子どもの心を上すべりして流れていってしまうのではないでしょうか。

第三段目

男の子たちが泉へ水を汲みにやられ、泉でつぼを落としてしまうところが、二枚の絵になっています。はじめの絵では、父親は正面を向いて窓からつぼを出し、子どもたちは背中を見せて、つぼをとろうとしています。つぎの場面では、泉を手前に、子どもたちは全員並んで正面を向いています。この色のついた二枚の間に、泉へかけていく男の子たちの姿が線だけでかかれています。

耳で聴いていると、この段では、聞き手の

ほかの　六にんのおとこの
こたちも、とびだしていって、
われがちに　みずをくもうと
したもので、つぼが　いずみ
に　おちてしまいました。

気持は、どちらかというと父親と一体化しています。弱い女の子の身の上を心配し、早く洗礼の水が来ないかと願いながら待っている感じです。ところが、絵本を見ていると、どうしても男の子たちの気持になってしまいます。女の子のいる場所に身を置いて、男の子たちのしていることを〝別の場所〟で行なわれている出来事として見るのでなく、男の子たちの行動そのものに気持がついていってしまいます。

考えてみると、絵本では、最初からここまで、四場面続けて男の子たちばかりが描かれています。文章を読まずに、絵だけを見ていれば、この物語の主人公は、七人の男の子たちだと思うのではないでしょうか。これは、耳で物語を聴く者とは、非常に違う受けとり方です。耳で物語を聴く者にとっては、ここへくるまでに、物語の主人公は女の子であることがはっきり印象づけられます。第一段でその誕生への期待が用意され、第二段で期待通り誕生し、この第三段では、早くも女の子が、その弱々しさの故に、兄さんたちを泉へ走らせるのですから。生まれたばかりで、自分からは何の行動も起こさぬながら、この小さな女の子は、すでに大きな存在になっています。しかし、絵本の画面に女の子が登場するのは、まだ先のことです。

さて、泉につぼを落とす場面ですが、耳で聴いていると、泉がどんな泉か、どのくらいの深さがあるか、といったことを、はっきりイメージできないまでも、「泉」ということばと、「落ちた」ということばから、かなりの深さが想像でき、「とりかえしのつかないことになってしまった」という感じが生まれます。このとき、聞き手の視点は、男の子のそれと同じ位置にあり、泉のふちに立って、消えてしまったつぼを追っています。

絵では、手前に泉――泉というより、町の水道という感じだといった人もいました――があり、立っている男の子たちの顔が正面に見えています。話を聞くときと視点の位置が全然違うことに注意してください。おまけに水の中につぼが見えていて、手をのばせばとれそうに見えるのはどうでしょうか。子どもたちの表情も、よく描かれてはいるものの、やや弱く、途方に暮れ、うちに帰る勇気もなくて立ちすくんでいるという切実さは感じられません。

第四段目

物語前半のクライマックス、男の子たちのからすへの変身の場面です。これまで見開きの右、片面のみを使ってきた絵が、ここではじめて両面にわたり、強い感情を表した父親の顔を左に、そこから飛び去っていくからすたちの黒のかたまりを右の方へと流した、緊迫感のある画面をつくっています。

ところで、さっきの泉の場面でも問題になった視点ですが、耳で物語を聴く者の視点は父親のそれと同じです。なぜなら、聞き手はこのとき、気持の上では父親と一体化しており、息子たちの帰りがおそいのにいらいらしているからです。したがって変身が起こったとき、聞き手のイメージの中には、父親の姿は浮かばず、飛び去っていくからすだけが見えます。

絵では、父親の姿が、正面からとらえられています。しかも、この父親の顔に表われた強い表情が、見る者の心をひきつけます。物語では、自分の吐いた呪いのことばが事実になったとわかったとき、父親がどんなに衝撃を受けたか、どんなに後悔と自責の念にかられたかといったことは、一切語られていません。主人公の内的な感情を描かないというのは、昔話の表現の特徴なのです(『ヨーロッパの昔話』平面性の項参照、一八―四一ページ)。「ねむりひめ」で、百年目に城を訪れた王子は、眠っている姫にキスし、姫はそれによって目ざめますが、このときふたりの心の中にどんな感情が湧き起こったか

については、物語は一切触れず、いっしょに階段を降りていって結婚したとしか述べていません。

「七羽のからす」と同様、白鳥に姿を変えられた兄を救い出すために六年間沈黙を強いられた「六羽の白鳥」の妹にしても、それを守り通すことがどんなにつらく、たいへんだったかはいっていません。「七羽のからす」で、のちに、妹が指を切ってかぎの代わりにする場面でも、妹には、骨をなくしたと知ったときの狼狽や、指を切る決心をするまでの逡巡はありません。「やさしい妹は、ナイフを取りだし、自分の小さな指を一本切り落として、戸にさしこみました」とあるだけです。

昔話のこのような表現上の特質を、リュティは平面性ということばでとらえ、昔話に登場する人物は、肉体ももたず、内面的世界も

むすこたちが　ちっともかえって
こないので、おとうさんは　しびれを
きらしてしまいました。
「またあそびにかまけて、ようじを
わすれてるんだろう、ばかぼうずども」
そして、むすめが　せんれいもうけずに
しんでしまったらどうしようと　おもうと
たまらなくなって、こうさけびました。
「ぼうずどもめ、みんな　からすにでも
なっちまえ！」
このことばが　くちをでたかとおもう
まに、あたまのうえで　はばたきの
おとがきこえ、そらをあおぐと、
まっくろなからすが　七わ、とびさって
いくのが　みえました。
10

もたない図形のようなものだといっています。おそらくこの点が、文学として見た場合、昔話が、わたしたちがなれ親しんでいる近代小説といちばん違うところで、大人が昔話をおもしろくないと思うのも、この心理描写の完全な欠落が最大の理由でしょう。

　ともあれ、「七羽のからす」の、この変身の場面でも、人間の内的感情にふれないという昔話の原則は、きちんと守られています。話を聞いている限り、わたしたちは、父親の感情について思いめぐらすことはしません。男の子たちのからすへの変身という大きな出来事に心を奪われて、話の先に興味が走り、立ち止まって父親の気持など考えるゆとりがないのです。しかし、絵では、主人公の心のうちをのぞかせる表情が、はっきり描かれています。上を見上げた父親の顔には、驚きと、怖れと、自責の念が見てとれます。語られる昔話が一貫して踏みこまずにいる人間の内的世界が、絵の中にはこのような形で持ちこまれていることに注目してください。

つぎに、変身したからすを見てみましょう。一羽はベレーをかぶり、一羽はしまの毛糸の帽子をかぶり、一羽は黒い長ぐつをはいています。そして、いちばんあとからとんでいく一羽は、いちばん年下の子どもだということがはっきりわかるように、からすの上半身に赤いズボンの下半身がついています。

実は、この点は、ほとんど全員がひどくひっかかった点です。耳で聴いていると、この場面は、今人間であったものが、次の瞬間にはからすに変わっており、その変身は瞬時にして完全、少しのあいまいさも、中間的段階もゆるしません。頭から順に足の方へと変わっていったのだろうとか、着ていた服はどうなったのだろうといった疑問のつけいる余地がまったくないのです。

ところが、この絵では、変身したからすは、人間であったときの名残りを、少しずつくっつけています。これでは、見ている者に、変身の過程を想像させてしまいます。そのとき着けていた衣服はどうなったか、靴はどうなったか、などということを考えはじめたら、もはや変身という魔法は成立しなくなります。そういうことを超越した世界で、魔法は起こるのですから。これは、からすがもとは男の子であったこと、つまりからすと男の子は別の存在ではなく、異った形はとっていても同一の人物であることを子どもたちに示そうという工夫かもしれませんが、変身という超自然的出来事を扱うのに適切な処理のしかただとは思えません。

　また、ここで多くの人が指摘したのは、音の効果です。変身をひきおこしたのは、いうまでもなく父親の呪いのことばですが、耳で聴いていると、この「ぼうずども、みんな、からすにでもなるがい！」ということばは、実に強く印象に残ります。その語気の強さと、そのあとにくる一瞬の間《ま》。それから、続いて聞こえる「ばたばた」という擬態語。この場面の劇的効果を生み出しています。とくに、「ばたばた」という羽ばたきの音の不気味さは印象的です。それが、また、兄弟がからすに変身したとか、飛び去っていくからすは実は男の子たちだという叙述はありませんが、「真黒なからすが七羽」と、数をあげたことで、変身の事実は、はっきりと聞き手の心に刻みつけられます。

　ところが、絵を見ながらお話を聞いていると、音はあまり聞こえなくなったのです。肝心の父親の呪いのことばも、ばたばたという羽ばたきの音も、印象には残りませんでした。画面に広がるからすの黒い色からくる不気味さは感じましたが、劇的効果という点では、絵本は、語りに、はるかに及びませんでした。

　このことは、文章が「むすこたちがちっともかえってこないので、おとうさんはしびれをきらして……」と語っているページに、すでに変身したからすが描かれているという事実にも関係があるでしょう。

どうしても　わたしが、にいさんたちを
たすけださなけりゃならないと、おもう
ようになりました。

これでは、話の先が早くから割れて、緊迫感もうすれ、物語の展開を推測し、想像するたのしみが奪われてしまいます。ひとつひとつの出来事を、順を追って時間的に語っていく話と、物語をある時点で切って、そこに展開している場面を平面上にうつして見せる絵とでは、やはり人の気持をひっぱっていくいき方が違うのです。

第五段目

ドラマの前半から後半への切りかえが行なわれる段階です。そして、これまで、いわば潜在的主人公だった女の子が、文字通りの主人公になって、行動を開始します。絵では、ここで初めて、女の子が描かれます。

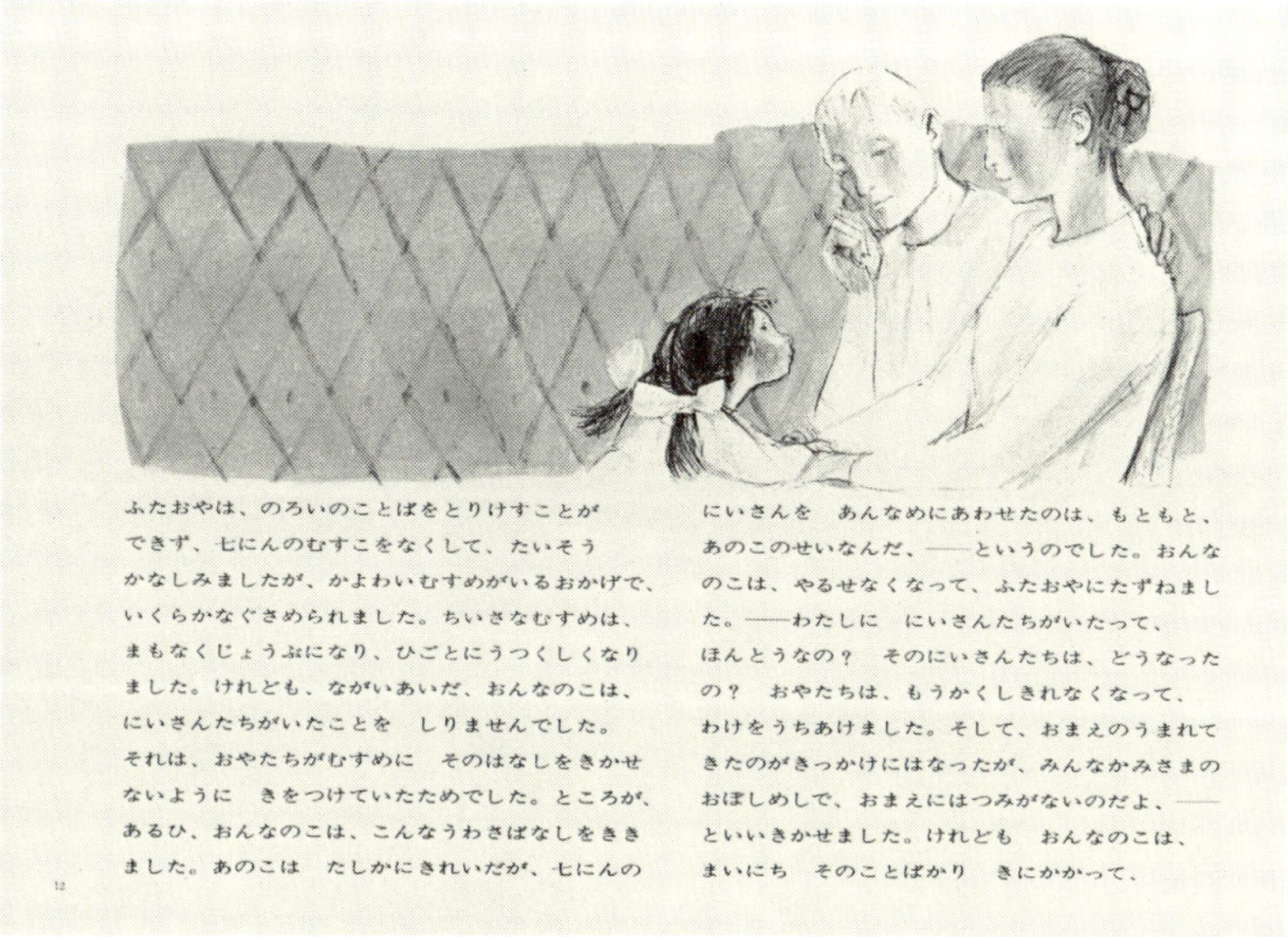

ふたおやは、のろいのことばをとりけすことができず、七にんのむすこをなくして、たいそうかなしみましたが、かよわいむすめがいるおかげで、いくらかなぐさめられました。ちいさなむすめは、まもなくじょうぶになり、ひごとにうつくしくなりました。けれども、ながいあいだ、おんなのこは、にいさんたちがいたことを　しりませんでした。それは、おやたちがむすめに　そのはなしをきかせないように　きをつけていたためでした。ところが、あるひ、おんなのこは、こんなうわさばなしをききました。あのこは　たしかにきれいだが、七にんのにいさんを　あんなめにあわせたのは、もともと、あのこのせいなんだ、――というのでした。おんなのこは、やるせなくなって、ふたおやにたずねました。――わたしに　にいさんたちがいたって、ほんとうなの？　そのにいさんたちは、どうなったの？　おやたちは、もうかくしきれなくなって、わけをうちあけました。そして、おまえのうまれてきたのがきっかけにはなったが、みんなかみさまのおぼしめしで、おまえにはつみがないのだよ、――といいきかせました。けれども　おんなのこは、まいにち　そのことばかり　きにかかって、

12

見開きの左ページには、幼い女の子が一度に七人の息子を失った両親のなぐさめとなったという、筋の発展の上ではさして重要でない部分が絵になっています。このときの女の子は、三歳くらいに見え、それが右ページでは十一、二歳になっています。女の子が口を結び、両手を組み合わせて、まっすぐに立っているところを正面からとらえたこの絵は、兄さんたちを助け出そうという女の子の決意を表わしています。そして、左ページと右ページの対照によって、その間の〝時の流れ〟と〝女の子の成長〟が間接的にではありますが表現されています。

さて、合宿に参加した者のほとんどにとって、お話を耳で聴くのと、この絵本で見るのとの間にある違和感の、いちばん大きなもと、い

はこの女の子のイメージにあったようです。ほとんどの者が、もっと幼い、もっと元気のよい、もっと素朴な女の子を想像していたといいました。

もともと、昔話は、主人公を細かく描写することはせず、聞く者(あるいは読む者)が、どのようにでもイメージすることができるようにしてあります。ここでも、女の子が兄たちを救う決心をしたときいくつだったとか、どういう背かっこう、どういう目鼻だちの子だったとかはいっていません。したがって、だれの描くイメージが正しく、だれの描くイメージが間違っているということはありません。しかし、この話の雰囲気、力強さ、線の太さからいって、ホフマンのイメージが、やや繊細にすぎ、洗練されすぎているということはいえそうです。

黒いベレー、お下げに結んだ大きな白いリボン、赤いセーターに、短い黒いスカート、ひざ下までくるグリーンのくつ下に、黄色いくつ。前後の関係なしにこの絵だけ見せられたら、都会に住むモダンな画学生を連想したに違いないという者もいました。

また、女の子の決意は次の段階へ話を押し進める大切なポイントには違いないが、話を聞くとき、わたしたちは、どうしてもものごとが動くところへ注意を集中させるものなので、主人公の決意は、むしろそのあとの〈家を出る〉という動的なイメージによって感じとられる。内に決意を秘めて立っているというような静的なイメージとしては浮かんでこない、という意見も述べられました。

ここは、前ページに、物語前半のクライマックス、黒がポイントになった力強い、不気味な絵がきており、次のページからは、兄たちにとってかわって物語の主導権を握ることになる女の子の冒険の旅がいよいよ始まるので、その間に白をたっぷり使ったやわらかい感じのページをおいて一呼吸いれていると考えられ、絵本の流れからいうと、画家の工夫がみられるところです。また、文章の量こそ少ないけれど、時間的には女の子が成長するだけの時間が経過したわけですから、余白の多い画面で、それを感じさせようという配慮が感じられます。

ホフマンは、こうした時間の処理や、画面の流れのつくり方、アクセントのつけ方に、細かい心くばりと、たくみさを見せる作家だと思います。ともあれ、ここは、語られる場合も、語り手、聞き手ともに、前半のクライマックスのあと、後半の旅立ちにそなえて、少し緊張をゆるめるところです。

物語の後半。いよいよ女の子が旅に出るところです。絵本では、女の子が家を出たところから、世界のはてにつくまでを、見開き二場面を使って、連続した絵にしています。

この場面でも、話を聴きながら思い浮かべるイメージと絵との間には、かなりの違いがあります。まず聴いているときは〈家を出た〉という行為の一点に注意が集まる——それは、さきに述べた、女の子の決意を具体的に示すものとしての行為ですが——のに対し、絵を見ると、興味の中心は〈道中〉にあります。これは、小さなことのように見えますが、けっしてそうではありません。〈家を出る〉に

おんなのこは、おやたちのおもいでに、ちいさなゆびわを一つ、おなかがすいたときのために、パンを一ぽん、のどがかわいたときのために、みずをちいさなつぼに一ぱい、くたびれたときのために、ちいさないすを一つ、――それだけもっていきました。

は、それまでじっとしていたものが動き出すというエネルギーが感じられますが、〈道中〉には、その感じはありません。そして、聴いていると、わたしたちのイメージは、〈家を出る〉ときのエネルギーを利用して、そのまままっすぐに世界のはてまで行ってしまい、途中のことはまったく考えません。これに対し、ホフマンの絵は、女の子がどんなところを歩いていったかを写実的な絵でくわしく描いています。

　村があり、教会があり、遠くには山が見え、畑もあれば牛もいる。女の子がいすに座って見上げる空には、群れをなした鳥があちこちに飛んでいて、女の子がからすになった兄さんを思っていることが暗示されている。それに続く次のページの絵では、もう人里のあるところからは遠く離れてしまった感じがあり、

そして、どうにもじっとしていられなくなって、こっそり、いえをでました。
たとえどんなつらいめにあっても、にいさんたちをみつけだしてたすけようと、
かたくけっしんして、よのなかへでていきました。

深い森を抜けると、その先はしじゅう風が吹きつけている砂丘のような感じの場所で、画面はその少し先で終わるものの、さらにその先には、どうやら海を想像させる、はてしない広がりが暗示されています。

ここは、画家の想像力が大いに働いて、ことばにはないイメージが豊かにくりひろげられている箇所なのですが、いったい、このようにつながっている地上をどこまでも歩いていったからといって、世界のはてに行きつくものだろうか、という疑問が出されました。この世と世界のはてとの間にあるのは、連続した物理的距離ではなくて、質的距離、いわば次元の違いです。ホフマンが、このように、細かく写実的に道中を見せてくれればくれるほど、わたしたちの気持は地上にひきつけられ、一挙に世界のはてまでとんでいってしま

さて、おんなのこは、あるきにあるいて、このよのはてまで、やってきました。
17

うという、抽象的な想像の世界でならなんなくできる気持の処理ができなくなってしまうのです。事実、この見開きふたつの丹念な自然描写と、場面の連続性のために、ここと次の場面(太陽の絵)との間に逆にギャップが生じ、絵の流れだけを追って見ていくと唐突な感じをまぬがれません。お話でならすんなりはいってしまう超自然の世界が、絵ではかえってそこへ到達するのに気持の飛躍を要求する結果になっています。

ここで、もうひとつ問題になるのは、すでにこれまでもとりあげた視点の問題です。話を聴いているときは、とくに、物語の後半、女の子が旅に出てからは、聞き手は終始主人公の女の子と同一視点に立ちますから、旅に出ると、自分が新しい場所へ近づく、新しい

風景が自分に迫ってくる、ということになります。ところが、絵では、殊に第二場面で効果的に表現されているように、主人公が遠ざかります。（幼い子は、この絵には、女の子が五人いると思うでしょう。）この〈遠ざかる〉感じは、これから未知の世界にはいり、思わぬ冒険に出合うかもしれぬという、物語自体がさしかかっている期待と緊張を内にもった状況とはうらはらのものです。この辺にも、物語を聴くときに起こる感情の動きと、絵の印象との食い違いがあるようです。

しかし、この場面でだれもが味わったイメージの食い違いは、女の子が旅に出るときに持って出た品物のところです。耳で聴くと、この四つの品物は、語られる順番にひとつずつイメージの画面に大きくクローズアップされてうつります。ということは、まわりからきりはなされて、品物だけが独立したイメージになったということです。しかも、指輪といすが、大きさの違いによって、イメージにも軽重の差が出てくるということはありませんでした。むしろ、のちに兄さんたちとのつながりをとりもどすカギになるので、指輪は他のものより重要に思われたのです。

他の三つの品物は、すでに指摘したように、それぞれ、食べもの、飲みもの、休息と、旅に必要なものを象徴する意味で語られ、主人公が遠くへ旅に出るという物語のひとつのポイントを聞き手に強く印象づける役割を果たしています。そのためだけにこれらのものが出てきたのだ――という証拠に、三つの品物は、その後、いちども物語には出てきません。それが具体的にどんな形をしていたか、実際どのように使われたか、といったことは問題ではないのです。

ところが、絵を見てください。お話ではいちばん重要な小道具の役目を負わされている指輪は、あまり小さいため絵には描かれていません。パンも画面には出てきません。そして、旅立ちだけを印象づければそれで役目の終るのこりの二つの品物は、その後もひきつづいて、何度もあらわれます。女の子が、旅の途中で、いすに腰かけたり、つぼの水を飲んだりする様子がさりげなく描かれていますし、最終場面では、妹にかわって、兄たちのうちのひとりがいすを、もうひとりがつぼをもってやっています。

これは、画家が、ふつうの人なら気がつかないところにまで目をくばり、話の中に出てくるものの存在に継続性を与えたというべきなのかもしれませんが、実は、昔話は、はじめから、このような継続性を排除しているものなのです。リュティは、このことを昔話の〝孤立性〟と呼び、昔話の数ある特徴の中で、近代の読者がもっとも抵抗を感じる性質だといっています。出来事でも、ものでも、都合のいいときにいきなりあらわれて、用がすむと忘れさられる、というのは、あまりにも無責任なご都合主義と見えるからでしょう。しかし、リュティは、これを、無責任なご都合主義とは見ず、昔話の構造全体に滲透している、高度に洗練された様式と見ています。そして、その孤立的様式があるからこそ、昔話では「体のある部分がうしなわれたばあい、つぎの瞬間にはもうそのことが気にならなくなる」(『ヨーロッパの昔話』八〇ページ)のだといっています。

「七わのからす」でも、耳で聴いているときには、まさにその通りのことが起こりました。旅に出るときには、いちどはイメージに刻まれた腰かけであり、つぼであり、パンではありましたが、話が進むと、これらのものは、聞き手の関心の外に出てしまい、二度と思い出されることはありませんでした。そして、そのように、すんでしまったことをわたしたちの関心の外に追いやる働きをしている、その同じ昔話の原則が、わたしたちに、女の子の、いったん切られた指をも忘れさせてくれるのです。話を聴いているとき、女の子が指を切る瞬間には、ビクッと身をふるわせた聞き手でも、女の子が兄さんたちを人間の姿に戻し、そろって家へ帰る幸せな結末では、そのことをすっかり忘れています。「ああ、かわいそうに。兄さんは救い出せたものの、この娘は、死ぬまで、指一本失ったままでいなければならないのだ」とは思いません。聞き手の心の中では、まるで女の子の指がまた生えでもしたように、欠けたところのない、完全な満足感が残るだけです。理屈からいえば、もし、腰かけも、つ

ぼも〝持続する〟なら、女の子の指が欠けた状態も、同じように持続しなければいけないのではないでしょうか。画家の、ていねいに物語を追い、物語自身が捨て去ったものをも拾う注意深い眼は、ここでは、昔話が徹底して貫き通している〝孤立的様式〟にほころびをつくり、そのために、語る話にはなかった矛盾を生み出しているのではないでしょうか。

第六段目

さて、いよいよ主人公は、世界のはてに着きました。絵本では、ここが、太陽、月、星の三場面になっています。最初は、太陽。画面いっぱいに、オレンジと黄色を使ってお日さまが描かれています。熱い感じはよく出ていると思いますが、恐ろしい方はどうでしょ

するとおひさまにであいましたが、
おひさまは、あつくて、らんぼうな
まもので、ちいさいこどもたちを
むしゃむしゃたべていました。
18

うか。もちろん「子どもをむしゃむしゃ食べている」ところを絵にしないのは当然だと思いますが、聞いているときには、〈ムシャムシャ〉という聴覚からの刺激が、お日さまの恐ろしさを印象づけます。子どもたちは、このくだりできゅっと身をひきしめるものです。

　お月さまの絵は、画面全体に寒色を使い、月の冷たい、不気味な感じをよく出しています。しかし、すでにふれたように、「ひとくさい！」というせりふからくる恐ろしさは、耳からくるものです。

　お星さまは、女の人の姿で描かれ、中央にいるあけの明星は、手にひなどりの骨をもっています。（「七わのからす」の日本語訳は、どれをみても、ここをひなどり、あるいはひよこのあしというように訳していますが、東京外国語大学の野村泫先生に教わったところ

では、ここは「骨」と訳すのが正しいとのことです。もとのことば das Beinchen は、骨とも脚とも訳せることばだそうですが、骨を呪術的な行為に用いることは古くから行なわれており、民俗学的にもいろいろ裏付けがあるそうで、ここはおおかたの日本語訳より、ホフマンの絵が正しいのです。(2)

この三枚の絵は、それぞれよく描けていて、ホフマンのイメージをよく伝えてくれます。しかし、ところは世界のはてで、この太陽や月や星は口をきくのです。これは、まったく現実とはかけはなれた空想上の世界なのですから、どんなに不思議なイメージを描いてもいいところです。視覚的なイメージとしては、あるいはそうはっきりしたものが思い浮かばなくても、触覚的、聴覚的なイメージが感じられるかもしれません。たとえば、太陽の熱

そこを、いそいでにげだして、おつきさまのところにきましたが、おつきさまは、つめたくて、おそろしいわるもので、おんなのこにきがつくと、「におうぞ、におうぞ、ひとのにく！」といいました。おんなのこは、またいそいでそこをにげだして、

20

さ、月の冷たさ、大気の肌ざわりといったもの。あるいは、星の世界では、遠くで、いくつもの澄んだ鈴が鳴っているといった音楽的イメージが出てこないでしょうか？

　視覚以外の感覚をもすべて含んで、聞き手のわれわれが描き得るイメージの広がり、多様性、自由を思うとき、ホフマンの絵といえども、それに対しては制限的に働くことを認めないわけにはいきません。もし、子どもたちが、絵なしにお話を聞いたとしたら、ここでは、もっと深い不思議を味わうことができるのではないでしょうか。世界のはてで無数にきらめいて、ひとりひとり腰かけに座っているお星さまなど、どんな小さな子どもでも、それは美しく不思議な世界として思い描くのではないかと思います。

第七段目

女の子は、ガラスの山につきました。「ガラスの山」というのは、ヨーロッパの昔話の中にはときどき出てくる場所です。ことばを聞くと、なんとなくそれらしいものを思い浮かべるのですが、さて、絵に描いてみなさいといわれると、困ってしまうものです。

話し合ってみてわかったことですが、ガラスということばからひき出されるイメージもいろいろで、透明という視覚的なものにポイントがおかれる場合、登ろうとしてもツルツルすべるという触覚的なイメージが中心になる場合、また「ガラスの山」ということで、ガラスの破片がそのとがった先を上に向けてびっしり立っている様を想像した場合（これ

おほしさまのところへきました。おほしさまたちは、
やさしくて、しんせつにしてくれました。どのおほし
さまも、それぞれちいさないすにすわっていましたが、
あけのみょうじょうがたちあがって、おんなのこに
ひよこのあしを一ぽんくれて、いいました。
「このひよこのあしをもっていないと、ガラスのやまの
とが　あからない。ガラスのやまのなかに、あんたの
にいさんたちが、いるのだよ」
22

は、地獄の針の山からの連想でしょう）などがありました。いずれにしても、中が見えているのにはいれない、はいることを拒絶されているという感じをもった者が多かったようです。

ところで、ホフマンの「ガラスの山」のイメージはどうでしょうか？ 美しいことは美しいのですが、自然界のもの、昔話の世界に属しているものというよりは、近代的な建築物のような印象を与えます。「水晶のパビリオン」とでも名づけたいようだ、といった者もおりました。

そして、ここでも、また視点のことが問題になりました。物語を聴いている者には、山の全景を視野の中におさめるようなイメージは浮かばず、目の前に、ガラスの山のふもとの斜面の一部、すなわち戸のある部分が、立

ちはだかって見える、とみんなはいいました。女の子と一体化して話を追っている身には、当然のことではないでしょうか。開けて中へはいらねばならぬ戸が自分の前に立ちふさがっている……という切迫した感じに比べれば絵から受ける感じは、絵が美しいということもあって、ずっと余裕のあるものです。

この緊迫感の違いは、女の子が指を切り落とす場面では、さらに大きく開いてきます。きれを開いたら「からっぽ」だったというところでは、耳で聴いていると「からっぽ」という音が非常に痛切にひびき、その瞬間、「なんにもない」「どうしよう!」という驚きと困惑が胸にくるのですが、絵本を見ていると、それほど強烈な感じは生まれません。緊迫した状況を耳で聞きながら、目では美しいガラスの建物を眺めているからでしょうか。ここ

おんなのこは、ひよこのあしをいただいて、
だいじにきれにつつむと、どんどんあるいて
いって、ガラスのやまにつきました。やまの
とはしまっていました。
おんなのこは、ひよこのあしであけようと、
きれをひらいてみると、なかはからっぽでした。
しんせつなおほしさまのおくりものを、なくして
しまったのです。

どうしたらいいでしょう？　にいさんたちを
たすけだしたいとおもっても、ガラスのやまへ
はいる　かぎがないのですもの。このやさしい
すえのいもうとは、ナイフをだして、じぶんの
ちいさいこゆびをきりおとし、とのかぎあなに
さしこみました。すると、とは、うまくあき
ました。

24

は、この話を聞く子どもたちが、場合によっては、ピクッと身をふるわせながら、息をのんで聞く場面です。もちろん、指を切り落とすところを絵にして見せる必要はありませんが、本来ならば、緊張の高まる劇的な場面が、絵があるために、見ている子どもたちの心をスルッと抜けるように過ぎてしまうのでは、惜しい気がします。

第八段目

さて、戸が開いて、女の子がガラスの山の内部へはいると、小人がいます。この小人も自分たちの描いたイメージとはずいぶん違うといった人が何人もありました。話を聞いていたときは、もう兄さんたちの救いまであと一歩ということで、むしろ明るい気分だった

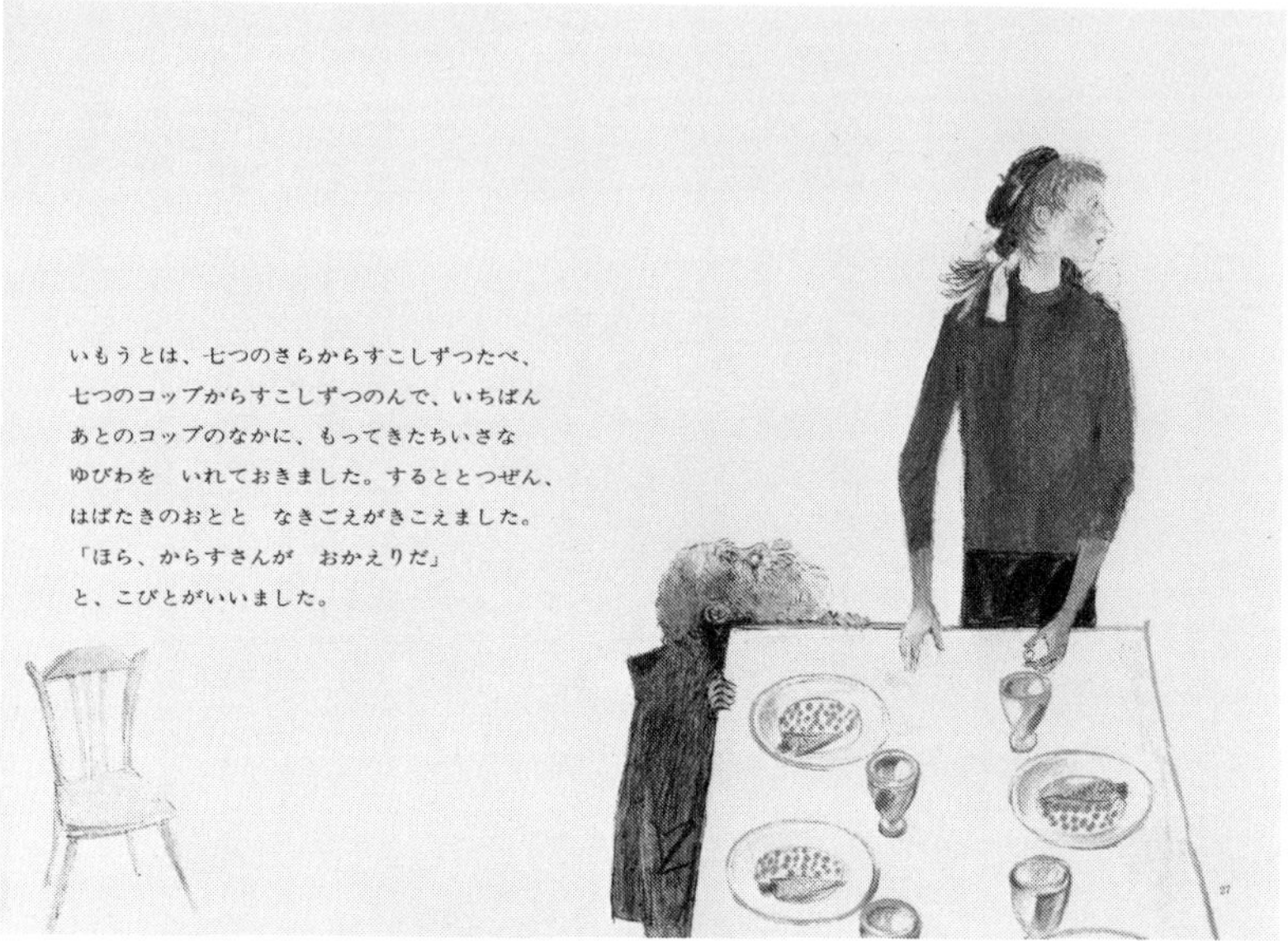
いもうとは、七つのさらからすこしずつたべ、
七つのコップからすこしずつのんで、いちばん
あとのコップのなかに、もってきたちいさな
ゆびわを　いれておきました。するととつぜん、
はばたきのおとと　なきごえがきこえました。
「ほら、からすさんが　おかえりだ」
と、こびとがいいました。

が、絵本では、小人が奇型の人間のようで気味が悪く、むしろここへきて不吉な気分に陥ったという人もいました。

ところで、語られる物語を聴いていると、ここでは「七わのからす」「七つのおさら」「七つのさかずき」と、七という数字が間をおかずくりかえされて、聞き手に強い印象をのこします。そして、七つのさらとさかずきが、ただちに七わのからすを連想させて、妹が七人の兄さんたちにいよいよ近づいたことを知らせます。こうした対応が瞬時に成立するのは数という抽象的なものによるからこそ可能なので、絵だとひとつ、ふたつ……と、数えていかねばなりません。そのためかどうか、この場面にも、これに続く場面にも、さらとさかずきは、きちんと七つ揃っては出て

なかへはいると、こびとがやってきて、いいました。
「じょうちゃん、なにをさがしてる？」
「わたし、七わのからすになった、にいさんたちを
さがしてるの」
「からすさんがたは、いまはるすだが、おかえりを
まつつもりなら、こちらへおはいり」
こういって、こびとは、からすのたべものをもちこんで、
七つのちいさなさらにもり、七つのちいさなコップに
つぎました。

きません。しかし、こういうものの数などは、幼い子どもにとっては、絵が「ほんとにそう」かどうか確める決め手になるものなのですから、これはやはり、きちんと七つずつ画面に出ていてほしいところです。

第九段目

女の子が待っているところへ、からすたちが帰ってきます。

羽ばたきの音の聴覚的イメージが、絵本では後退することは、すでに述べました。また視点が違うこともこれまで述べてきたとおりです。物語を耳で聴くときは、帰ってきたからすがどうするかという事にのみ注意が集中しますが、絵を見ていると、戸のかげに息を

つめて立っているむすめ――全体が黒っぽい色の中で、セーターの赤がポイントになることもあって――にどうしても興味の焦点があってしまいます。そして、内面的世界をもたないはずの昔話の主人公であるこの女の子の表情は、第四段目の父親の場合と同じようにこの子の内面をよく表現しています。

七ばんめのからすが指輪を見つけるところ、ここは話を聞いている者が思わず息をつめるところです。前ページの絵との位置関係からいって、指輪は、テーブルの左端におかれたさかずきの中にはいっているはずなのですが、このさかずきだけ、ひときわ色こく描かれていて注意をひくようにはなっているものの、肝心の指輪は見えません。お話が、絵の中で〈ほんとう〉になるためには、ここにはっき

やがて、からすたちがはいってきて、
しょくじをしようと、めいめいの
さらやコップをさがしました。そして、
つぎつぎにいいました。「だれだ、
ぼくのさらでたべたのは？　だれだ、
ぼくのコップでのんだのは？　だれか、
にんげんがくちをつけたぞ」
それから、七ばんめのからすがコップを
のみほしたとき、ちいさなゆびわが
ころがりでました。みると、おやたちの
ゆびわでしたから、そのからすは、
いいました。
「ああ、ここに、いもうとがいてくれたら
なあ。——そしたら　ぼくたちは、
すくわれるのに！」

りと指輪を描いてほしい。でなかったら、七ばんめのからすのくちばしの先に指輪がころがり出たところ——なんと鮮明なイメージをさそう描写ではありませんか——を見たいものだと思います。（さかずきにはいった指輪を、七わのからすがじっと見ている図柄はこの絵本のとびらのところで、使われています。）

呪いはとけ、からすたちは人間にもどります。この場面でも変身が瞬間の出来事でなく過程を暗示する絵になっているのは、四段目の場合と同じです。この絵では、右手の四人の姿が、特に気味の悪い感じです。右手前は、まだ完全にからすです。

ここで非常に興味のある問題は、ホフマンの時間の処理の方法です。耳でお話を聴いて

いるとき、男の子たちは「ひとかたまり」でしたから、年齢のことは考えませんでした。また、からすから人間にもどったときも、その間に経過した時間のことは意識にのぼりませんでした。女の子が十二になっているのなら、この子が生まれたとき三つだった末の子は、今は十五になっているはずだが……などという計算はしなくてすみました。これは、リュティが、昔話では、主人公は肉体や精神をもたないばかりでなく、時間との関係ももたないのだといっている点です。

リュティは、述べています。

「たしかに昔話のなかには若者もいれば老人もいる。……ところが、しだいに年をとっていく人間は昔話には存在しない。王様や王子あるいは召使いは魔法をかけられて、ある長期間動物や植物あるいは石に変身させられ

とのうしろで　じっとみみをすませていた
おんなのこは、このねがいをきいて、
とびだしました。
すると、からすたちはみな、もとのにんげんの
すがたにもどりました。そして、きょうだいは
おたがいに、しっかりだきあい、キスしあって、
30

ていることがある――ところが魔法を解かれたときには、魔法をかけられたときとまったく同じ年齢である。時間の経過に対する昔話のこの不感性は『いばら姫』においてわれわれにもっとも親しまれている。」(『ヨーロッパの昔話』三三―三四ページ)

しかし、ホフマンは、自分の描く兄弟を、これほど完全に時間と無関係にしておくことはできなかったのでしょう。最初の場面で、二歳から十四歳と、年齢の開きを与えられていた兄弟が、ここではどうなっているか見てみますと、長男は、最初の場面とほとんど変わらないといってよいほどですが、残りの男の子たちは、みなそれぞれ二、三年から四、五年成長したように描かれています。最初の場面では多分に赤ん坊らしさを残していたいちばん年下の子も、もう学校へ行っていいく

らいの年ごろになっています。そして、おもしろいことに、これまで、思春期のむすめといっていいくらいの年齢に描かれていた女主人公が、「妹」というイメージが強くなったせいか、急にあどけなさを多分にもった幼い子にもどり、身体のプロポーションまで変わっています。

これは、ホフマンが、昔話本来の無時間性と、具象的な絵の表現との間にある矛盾をなんとか克服して、見ているものに不自然な感じを与えないように処理しようと苦労したところでしょう。しかし、こうしてみると、なんなく時間の壁をこえることのできる想像の世界は、なんと自由なものではありませんか。そこでは、わたしたちは、主人公の年齢のことなど一切考えることなしに、兄と妹という関係をしっかりとらえることができるのです。

最終場面です。

人間にもどった兄弟は、大喜びをして妹とつれだってうちへ帰ります。兄たちのひとりがつぼをもち、もうひとりがいすをもっていることは、さきに指摘した通りです。この二つの品物を描くなら、親たちの形見である指輪をどこかに描いておいてほしかったと思います。

以上、絵本の絵と、わたしたちがもっていたイメージとの違いについて、できるだけありのままに述べてきました。どちらがよいわるいという問題ではありませんが、ことばとして受けとる物語と、絵本になった物語とでは、わたしたちに訴えかけることがらやその内容、重点のおかれ方に違いがあ

ることだけは、おわかりいただけたと思います。

（1）一八一九年版につけたグリム自身の注釈書による。

（2）「ガラスの山へはいるのに、骨が足りず指を切る」というモチーフは、他にも例がある。「七わのからす」につけたグリム自身の注によると、別のこういう話がある。ある若者が、ガラスの山にとらわれているおひめさまを助けに出かける。途中、やいたトリを食べ、その骨を全部集めて、ふところにいれて、ガラスの山に行く。山につくと、その骨を、一本ずつつきさして山にのぼっていくが、ほとんどのぼりきったところで、骨がなくなる。そこで、男は、小指を切ってガラスの山へのぼる。ただし、この話では、「骨」としか訳せない der Knochen ということばが使ってある。

また、ベヒシュタイン編の昔話集の中にある「白い狼」にも同様の場面があり、それでは、骨ではしごを作ってガラスの山にのぼる。骨が足りなくなって指を切るところは同じ。

四　昔話絵本が昔話から奪うもの

物語を耳で聴いて思い浮かべるイメージと、絵本が見せてくれる絵との間にある食い違いを、一枚一枚の絵についていてくわしく見ていくうちに、わたしたちは、どこが違っているかだけでなく、その違いがどこからきているかについても、ある程度理解することができるようになりました。それらの食い違いは、よく見ていくと、お話が「七わのからす」だから、画家がホフマンだから生じたものと、何のお話であれ、だれの手になるものであれ、昔話を絵本にしたら必ず起こったであろうものとに分けられるように思います。

考えてみると、「七わのからす」は、数多いグリム昔話の中でも、絵本にするのが特に困難なお話ではないでしょうか。たしかに、この物語は、わたしたちの心の奥深いところに訴えてくる強い力をもっています。その力は、ひとつには、この物語が扱っている感情の強さからきていると思います。願望、焦立ち、怖れ、怒り、悔恨、愛。人間を大きくつき動かすことのできる感情が、いくつもより合わさってこの物語の中に働いています。抑制することのできなかった怒りが悲劇を招き、兄弟への愛がそのつぐないをして幸せをとりもどすというのが、この物語のテーマだといっていいでしょう。

しかし、感情は、心の内面に働く力ですから、目に見える絵の形で表現するのは容易ではありません。事実、女の子がほしいという父親の熱い願いは、物語を先へ推し進めるポイントであるにもかかわらず絵になっていませんでした。絵にならない、あるいは絵にすることの困難な願望の代わりに、ホフマンは、男の子ばかりの場面を二つ続けて描いてみせました。このことが、読者に、物語本来の流れとは別の方向に注意を向けさせ、別の意味を汲みとらせる結果になったことは、すでに指摘した通りです。

その逆に、ホフマンが主人公の感情を表現しようとしたところでは、どうなったでしょう。感情は、絵で表現するとすれば、顔の表情でいちばんよく出せると思いますが、ホフマンは、男の子たちがからすに変身したときの父親の表情を、正面からとらえて描きました。しかし、そのために、こんどは読者の関心を、昔話が本来踏みこまないでいる心の内面の世界へ向けさせることになったのでした。主人公がどう感じたか、どう思ったかにはふれず、「それからどうなったの？」と、すじだけを追うのが昔話本来の姿であるにもかかわらず、この絵は、物語の流れに乗って進んでいくわたしたちを立ち止まらせる働きをしたのです。（昔話は、話の途中で立ち止まって主人公の心の中を描写することはしませんが、人間の感情をぬきにしたところで成り立っているのではありません。伝承的な文学がすべてそうであるように、外側の状況を描くことによって、聞いている者の内部に感情を起こさせるのが、昔話のやり方なのです。ことばでも、絵でも、感情そのものを描いて見せれば、受け手の内部で起こる感情は、それだけ弱くなります。）

ここでは、ホフマンは、話の中に流れている強い感情を、表現することによっても、しないことによっても、絵本と本来の物語との間にみぞを作り出してしまいました。このような、強い感情がすじを展開する推進力になっている物語を、絵本に仕立てようとしたところに、そもそも無理があったのではないでしょうか。

感情の強さと並んで、「七わのからす」を印象深い物語にしているのは、この物語の中に含まれている超自然的な要素です。変身とか、世界のはてへの旅とか。これらは、おそらく、この話を耳で聞く者の心に、忘れ難いイメージを呼びさまし、そのイメージの強烈さによって、物語が記憶されるのだと思いますが、ホフマンがこの絵本の中で見せた、これら超自然的な要素の処理のしかたについて、わたしたちが大きな不満を感じたことは、さきに述べた通りです。この点からいっても、この物語は、本来視覚的なものにおきかえられることを拒否する性質のものだといえないでしょうか。

またすでにくわしくふれたように、「七わのからす」には、非常に絵画的処理の困難な時間の問題が出てきます。時間の問題は、同じくホフマンが絵本にした「ねむりひめ」の中にも出てきましたが、あの場合は、ホフマンは、百年の時間の経過を実に巧みに処理していました。すなわち、まず見開きいっぱいを使って、城がすっかりいばらでおおわれたところを描き(文章なし)、その次の見開きでは、左半分を空白のまま残し、右ページの中央約三分の一のスペースに、くすんだグリーンを背景に、黒いシルエットとなって浮き上がる城を配するというやり方です。しかし、同じ時間の問題といっても、「ねむりひめ」の場合には、魔法にかけられた向こう側の世界と、かかっていないこちら側の世界とに、同時にひとりの主人公がかかわっていくといった、「七わのからす」に見られるような複雑な問題はありませんでした。

実際、考えれば考えるほど、「七わのからす」は絵にするにはむずかしい要素を多分に含んでいることがわかります。このことは、同じホフマンの作品でも、『おおかみと七ひきのこやぎ』は昔話の絵本として成功している——というのは、耳で聴いたときとの違和感がほとんどないということですが——ことと考えあわせれば、よくわかると思います。「おおかみと七ひきのこやぎ」の場合は、出てくるのは現実にいる動物ですし、起こる出来事も日常生活の範囲内で理解できることです。おおかみのおなかを切ったり縫ったり、おおかみに呑まれた子やぎが生きかえったりということは、あり得ないことだといえばいえますが、それでも事件はすべて「この世」で起こり、途中で「この世ならぬ場所」へ舞台を移す「七わのからす」ほど、大きな想像力の飛躍を要求しません。『おおかみと七ひきのこやぎ』では、ホフマンは、耳で聴いていても自然にイメージになる主要な場面を、そのまま正確で清潔な絵に表現し、それればかりか、話を聞いたあとで、ていねいに見ていけば、いくらでもそこからたのしみを見つけてくることのできる細部を、数多く絵の中にかくしておいてくれました。そのために、この絵本は、子どもたちがくりかえして眺め、親しむことのできる絵本になったと思います。(ただ、母やぎが出かけたあと、最初に戸をたたく音がする場面で、お話なら、聞き手も、子やぎといっしょに「おおかみかな?」と思うはずのところ、絵本では、はじめからおおかみが描かれていて、〝種あかし〟をしてあるのは気になるところです。)

話の持ち味といった面から考えてみても、ホフマンと「七わのからす」の組み合わせには問題があるのではないでしょうか。ホフマンは、たしかに力量のある、すぐれた画家です。それは疑う余地もないことですが、かれが本質的にもっている性質やスタイルは、当然それに合う話と合わない話とを分けるのではないでしょうか。かれの絵のもつ清潔さ、誠実さ、繊細さは、「ねむりひめ」では、作品の雰囲気とぴったり合い、まれに見る美しいイメージをわたしたちの前にさし出してくれました。しかし、「七わのからす」は、もっと重い、骨太な、どろどろしたものを含んだ、原始的な力をもった話です。ここでは、ホフマンの洗練された感覚や、やや神経質な細い線では支えきれないエネルギーが内蔵されているのではないでしょうか。このことも〝食い違い〟を大きくした理由だと思います。

では、別の作家による「七わのからす」はどうでしょうか。最初の合宿の当時、「七わのからす」で手にはいった別の絵本は、堀内誠一氏の絵による『こどものとも』四十一号（福音館書店、一九五九年八月）だけでした。耳で聴いたときのイメージとの食い違いということからだけこの二冊を比べてみると、たしかにホフマンの場合には問題になったことが、『こどものとも』では、処理のしかたが違うために問題になっていない場合もあることがわかります。たとえば、ホフマンが年齢と個性をもたせて描きわけた七人の兄弟を堀内氏は、同じ大きさ、同じ服装（色だけ違う）に描いています。この点、七人をひとかたまりとして感じる、耳からお話を聴いたときの感じ方に近いといえるかもしれません。女の子も単純に、図式的に描いてあるので、ホフマンの場合のように、主人公の内面に注意が向くこ

ともなく、もっぱら動きに注意がいきます。
また、ガラスの山の内部で妹が兄たちの帰りをまつところ、堀内氏は、さかずきやさらをちゃんと七つ描き、指輪も、目に見えるようにはっきり描いています。全体に堀内氏の描くイメージは様式的で、細部までかきこむということをしていませんから、ホフマンの、写実風に、こまかく描いていく絵がひきおこしたような諸問題をまぬがれているといってよいでしょう。

しかし一方、堀内氏の描く女の子は、あまりにも子どもっぽく、かわいらしすぎ、旅に出るところも、まるでたのしいお散歩に出かけるみたいです。ここには、七わのまっくろな大がらすの不吉なイメージもなければ、世界のはての神秘さもなく、総じて、この物語がわたしたちに訴えてくる深みがありません。

やがて、にわかに、そらで
ぱたぱたと　おとがして、
こびとが、「そら、からすたちの
おかえりだ」と、いいました。
からすたちは　まいおりてきて、
めいめいの　さらや　コップで、
たべたり、のんだりしようと
しました。ところが、みんな
一くちずつ　たべてあるのを
みて、おたがいに　たずねました。
「だれだ？」
「だれだ？」
「だれが　たべた？」
それから、一くちずつ　のんで
あるのを　みて、おたがいに
たずねました。
「だれだ？」
「だれだ？」
「だれが　のんだ？」
そして、七ばんめの
からすが、七ばんめの
コップを　のみますと、
ころりと　ゆびわが
ころげおちました。
七ばんめの　からすは、
おもわず　さけびました。
「おかあさんの　ゆびわだ！
いもうとが　いるんだ。」
1
2
3
4
5
6
7

ホフマンが工夫しているひとつの場面から次の場面への連続性もなく、めくりながら見ていくと、一枚、一枚の絵がてんでんばらばらだという印象を受けます。物語を耳で聴いてなれ親しんだ者には、表現は違ってもこの『こどものとも』もまた大きな不満を残すものと思われます。

ただ、この例からいえることは、第三章でわたしたちが指摘した、物語と絵本とがさそい出すイメージの違いのうちのあるものは、やり方によっては生じなかったろうということです。一般的に考えても、文章より先に絵が〝種あかし〟をしてしまうようなことは、よほどページ数に制限がある場合をのぞいて、避けようと思えば避けられることですし、何を絵にして何を絵にしないか、どの視点から描くか、というようなことも、よく考えて選

おんなのこは　おおきくなって、
七にんの　にいさんたちの　ことを
しりました。そして、にいさんたちを
さがしに　でかけました。
　おんなのこの　もっていったものは、
おかあさんの　はめていた　ゆびわを
一つ。とおい　たびの　とちゅうで
やすむ、ちいさい　こしかけを　一つ。
おなかの　すいた　ときに　たべる、
パンを　一つ。のどの　かわいた
ときに　のむ、みずを　いれた
つぼを　一つ。

べば、耳で聴くときとの違和感を少なくすることができるはずです。ですから、絵本作家や編集者が、昔話の表現形式の特質や、「語り」が聞き手の心に起こす動きをよく理解して、それをそこなわないように場面を設定し、構図を考えて作っていけば、ある程度物語に忠実な絵本ができるでしょう。

しかし、たとえ絵本作家が、それだけの配慮と工夫をして作りあげた絵本でも、読者に与える感じからいえば、やはりお話を聴くことと同じではありません。お話の性質がどうであれ、作家の持ち味がどうであれ、編集上の配慮がどうであれ、それでもなお、耳で聴く話と絵になったものとの間には食い違いが残ります。以下そのことを、大きく四つの点にまとめて考えてゆきたいと思います。議論をすすめていく上で、わたしたちは、基本的には、「昔話絵本というものは、それを読む子どもたちに、かれらがそのお話を耳で聴いたときに感じるであろうようなことを感じさせ、得るであろうような経験を得させるものであってほしい」と考える立場をとりました。なぜなら、なんといっても昔話は、本来語られてきたものだからです。昔話が語りつがれてきた歴史に比べれば、それが印刷されて伝えられるようになってからの歴史は比較的新しく、今日のような子どものための昔話絵本の歴史は、さらに短いものです。そして、そのように絵本の形で子どもたちに昔話を与えようとしたいちばんの目的は、かれらにそのお話を紹介すること、親しませることにあったのではないでしょうか。言いかえれば、「絵でお話を語る」ことこそが、昔話絵本の第一義的な役割のはずです。ですから、昔話絵本は、どれだけよくその昔話を語っているかによって評価されるべきではないでしょうか。

物語を語ること以外の目的で、昔話絵本が作られることもあるでしょう。画家が、ある昔話から得たイメージを自由に表現した作品などがそれです。今でも、よく知られている昔話には、数多くの絵本が作られており、中には、その絵を見て物語がたどれるかどうかよりも、画家がその物語から受けた印象を独得のイメージにして展開することに主眼がおかれている絵本もあります。すでにその物語に親しんでいる大人にとっては、ひとつの物語が異る画家によってそれぞれ違うイメージで絵にされているのを見るのはたのしみです。しかし、その一冊を通して、生まれて初めてその物語にふれる子どもにとってはどうでしょう。わたしたちは、絵本作家が、物語をかれ独得のやり方で絵にしたり、物語を素材にして自由な想像をくりひろげたりした絵本があってもわるいとは思いません。昔話は、これまでもいろいろな分野の芸術家に、インスピレーションを与えつづけてきたのですから。しかし、ここでは、昔話絵本は、何よりもまずその物語を子どもに語るものであってほしい、とする立場から、問題を見ていくことにいたします。

視点の違い

第三章でくりかえし指摘したように、昔話を耳で聴くときと、絵本で見るときとの、受けとめ方の違いは、物語がどこから見て語られているかという視点の違いからきています。すでに見てきたように、聞き手は、物語を、大体において、主人公自身の目に映るように見ていきます。これに対し、絵本は、主人公をも絵の中に登場させるわけですから、読者としては、その全体を見る――言いかえれば、画家の目に映じたように物語を見ることになります。

泉につぼが落ちたとき、聞き手は、泉のふちに立ち、見えなくなってしまったつぼを目で追っていました。むすこたちがからすに変わったとき、聞き手の心の目に映じたのは、正面上方に飛び去っていくからすの姿でした。ところが、絵本では、このどちらの場面でも、聞き手が一体化している当の人物が画面に描かれ、しかも、この二つの場面では、それらの人物が顔を正面に向けて描かれていました。つまり、聴くときには、その人の目を通してものごとを見ていくのに、絵本では、その人自身を見る立場に立たされるということです。

女の子がガラスの山についたとき、聞き手は、その戸が自分の前に立ちはだかったというふうに感じました。しかし、絵を見ているときには、そのようなさし迫った感じは生まれませんでした。絵では、女の子とガラスの山を含めた全体を、いわば遠景としてとらえていたからです。女の子が旅に出かけるときも同様でした。聞き手は、旅にもっていく品物のひとつひとつを、まわりの風景と切り離して、それだけをクローズアップする形でとらえました。これに対し、絵では、常に全体が見わたされていました。(そのために、小さな指輪が、絵には出てこなくなったのでした。)

そして、女の子の旅が始まると、聞き手の目は、女の子のそれと重なって、たとえ具体的なイメージにならないまでも、これから先の方――未知の世界、冒険――へと向かっていくのに対し、絵本の絵が見せてくれるのは、決意を秘めて立っている当の女の子の姿です。女の子のまわりは白く、何も描かれていませんが、無理に理屈をつけていえば、読者は、未来に対してよりは、女の子が決心するに至った過去を見る位置におかれているといってもよいのです。

これに続く旅の場面で、女の子と一体化している聞き手にとっては、進むこと、世界のはてに近づくことこそが旅であるのに対し、絵本の読者は、主人公が遠ざかるイメージを見せられます。これについては、すでに述べました。お話では、物語を語る視点(主人公)自体が動くのに対し、絵では、画家の視点から物語(主人公)が動いていくのを見ることになるのです。

別の例を見てみましょう。たとえば、松谷みよ子の再話、瀬川康男の絵による『やまんばのにしき』(ポプラ社、一九六七年)の冒頭の部分。舞台は、やまんばがすんでいるという高い山のふもとにある小さな村です。ある秋の夜、村人たちが月見をしていると、「そらがにわかにくもってきて、かぜはふきだす、あめはふりだす、しまいには、ひょうまでがおとをたててふって」きます。家にとびこんで、ふとんをかぶってふるえている村人たちの耳に「やねをどろどろとふみならす」音が聞こえ、ついで「『ちょうふくやまのやまんばがこどもうんだで、もちついてこう。ついてこねば人もうまもくいころすどお。』」とさけぶ「なにやらしらんあばれもの」の声がします。

ここまで読み、あるいは語られたのを聴いたとすれば、この得体の知れぬ者の声は、わたしたちの耳に、どこからひびいてくるでしょう。当然、頭の上からではないでしょうか。わたしたちは、室内に身をおき、屋根をふみならすその何者か——その正体はわからない——の足音を聞き、頭の上からかぶさるように落ちてくる声を聞きます。得体の知れない者へのおそれと、頭上からくる圧迫感とで、聞き手はすぐにお話を〝身にひきつけて〟感じます。話のはじまりとしても巧みな導入といえます。

ところが、絵本になったものを見ますと、第一枚目の絵は、中央にその「なにやらしらんあばれもの」が大きな目玉を二つ見せて、黒雲のようにひろがり、その下の方に、小さなわら屋根の人家が見えているという構図になっています。「あばれもの」は、もはや「なにやらしらん」ものではなく、はっきり形を与えられており、読者は、頭上におそろしいものを感じるのではなく、遠くに正体のわかったおそろしいものを見ることになります。こうなると、危険は身にふりかかってくるという感じではうけとめられなくなり、村人が陥っている危険を客観的に、ながめることになってしまいます。

もちろん、子どもたちは、絵だけを見ているのでなく、絵を見ながらお話を聴く(あるいは文章を読む)のですから、ことばからもイメージをつくります。あるときは全面的に絵にたよって、あるときは絵の奥にさらに自分の想像を広げ、あるときは絵とは別に自分だけでイメージをつくるということがあるかもしれません。あるいは、絵本を読んだあと、絵本から離れ、自分のイメージをつくりなおして、お話を心の中で再現することもあるでしょう。ですから、お話を絵本で見せられたからといって、子どもがそれ以外のイメージを絶対に描けないとか、そのイメージだけがすっかり心の中に固定してしまうとかいうわけではありません。

しかし、これまでに述べてきた例からもわかるように、聞き手の目はかなり自由に動き、物語にとって大事なものごとをそれだけとり出して直接自分の目で見るのに対し、絵本は、常に全体を客観的にとらえています。（かといって、もし絵本が、クローズアップの手法をふんだんにとりいれて、そのときそのときに語られることを全体と切り離して描いたとしたら、こんどは逆に、物語としての連続性、統一性がこわされて、絵本としては体をなさなくなるでしょう。）絵本の視点は、画家の視点です。そして、画家の視点は、物語からいえば第三者の視点です。これはどういうことでしょう。物語を聴くとき、聞き手は、いわば当事者にな

るのに対し、絵本を見るとき、読者は第三者的立場に置かれることだといえないでしょうか。

そして、このことは、お話というものが子どもに対してもっている意味を考えるとき、けっして小さくない問題を提起しているといわなければなりません。そもそもお話がおもしろいのは、あるいはおもしろいが故に意味のある体験になるのは、聞き手が、主人公と一体化することによって、想像の世界の中で主人公がしたと同じ経験をするからではないでしょうか。主人公が当面した危機に自分も出合い、主人公がそれを乗り越えるとき、自分もそれを乗り越え、主人公が幸せになるときに自分も満足する、そうした心の体験が、全体としてひとつの精神的な冒険になって、子どもをたのしませ、それにともなう教育的な効果をもたらしているといってよいでしょう。

ですから、子どもが物語の中の主人公と容易に一体化できるように物語が作られているかどうか、物語が語りすすめられていく視点が、子どものそれとうまく重なっているかどうかは、子どもにとっての、その物語の成功をきめる最大のかぎだと思います。昔話が全体として、これほど子どもをひきつける理由のひとつも、ほとんどの昔話が、必ず子どもが一体化できる、また一体化したいと願うような主人公を登場させて、また子どもたちがその主人公に同化しやすいように話を組み立てているからです。語られることばのひとつひとつに、その場その場で身をまかせていけば、そこで語られる出来事を、わが身にひきつけて感じとれるように、昔話はできているのです。昔話は、非常に自然に、聞き手を主人公＝当事者の立場にさそいこむのです。

絵本で、主人公との一体化が成立しないわけではありません。しかし、これまで見てきたように、全体を客観的にとらえる画家の目から描かれた絵が、それを見るものに、多少とも第三者的な見方を生ぜしめ、主人公との一体化の度合を弱めることは事実でしょう。そして、絵本では、画家は、絵としてのおもしろさや、構図の変化を求めるために、しばしば、お話を見ている子どもの目の位置とは違う視点から画面を構成し、そのことによって、またいっそう、第三者的な見方を促すことになるのです。しかし、絵本には絵本としての統一や、バランス、変化などを追求しなければならない必要がありますから、絵本の画面が、聞き手のそれとは別の視点から構成されるのは当然です。いずれにせよ、絵本を通して物語を読むことは、物語と聞き手の間に、画家の目と想像力が介在するということですから、物語を我が身にひきつけるという点からいえば、その効果が弱まることは確かです。

視覚以外のイメージの後退

絵本を見ながらお話をたどったとき、わたしたちが一様に感じた第二の点は、視覚以外のイメージが後退するということでした。視覚的なイメージ、つまり絵が、前面に出てきてしまって、音や温度、手ざわりといった他の感覚に訴えることがらが話の中に出てきても、それを自分でイメージにすることができなくなってしまったということです。

「七わのからす」で、人間がからすに変身するという恐ろしい事件は、父親の呪いのことばによってひきおこされ、その事実は、まず羽ばたきの音によって、知らされました。聞き手の心には、まっ黒な鳥の姿が見えるより先に、羽ばたきの音がイメージとなって聞こえました。「からすにでもなるがいい！」という激しいことばに、追いかぶさるように聞こえる羽ばたきの音、それが、からすのイメージをつくり、不吉さをかきたて、この場の緊迫感をつくりだしました。

ガラスの山にはいって、兄たちを待っているむすめの耳にも、兄たちの帰宅に先だって聞こえたのが、羽ばたきの音でした。このときの羽ばたきは、さきの変身のときの音が不気味さをさそったのと同様に、再会と、願いの成就を目の前にした緊張と、喜びの間近さを感じさせて印象的でした。

ところが、絵本を見ていると、お話だけを聴いているときほどこの音が効果的に聞こえません。目の前にある絵に注意がいき、音がイメージにならないのです。そこで、からすのイメージは、もっぱら黒い色と、鳥の形からつくられてしまい、羽ばたきの音からつくられるイメージ——空をうつつばさの動きのイメージなど——は、浮かんできませんでした。

同様に、世界のはてで、お日さまが「むしゃむしゃ」と子どもを食べたり、お月さまが「くさいぞ、くさいぞ、人くさい！」といったりするところも、耳で聴いていれば、直接に恐ろしさが伝わってきたのですが、絵を見ながらでは、何かそれも〝本の中のこと〟というような気がして、身にひびきません。お日さまが熱く、お月さまが冷たいという感覚も、耳で聴いたときのほうが、ずっとじかに感じられます。

お話を聴いているときは、このように視覚以外の感覚も十分働いて、身体全体でお話を感じることが自然にできるのに、目の前に絵がおかれると、やはり視覚の働きが他の感覚を圧倒してしまいます。それだけ、映像の刺激は強いのです。わたしたちが精神を集中しようとするとき思わず目をとじること。鳥の声や、虫の音を聴くときも目をつむることがあり、さしてその必要があるとも思えないのに、匂いをかぐときも目をつむる。こうしたことからも、目から刺激がはいってくる間は、他の感覚器官はフルに働かないことがわかるでしょう。

「七わのからす」は、それでも、そのおもしろさの肝心な部分が、事件、あるいは筋にあるといってもよいと思いますが、昔話の中には、そのおもしろさの主要な部分が、語られることばの音としてのおもしろさにあるものがあります。同じことがただくりかえされるだけの「きりなしばなし」などは、そのもっとも単純なものですし、ことに幼い子どもに喜ばれる、くりかえしの多い話、たとえば、「おだんごぱん」や、「おばあさんとブタ」などもその例にはいります。そのように、高度に様式化された話は、くりかえしのたびに、うたのリフレインのような効果が生まれ、聴覚的な、あるいは音楽的なイメージをさそうものです。話の中に、うたが出てきたり、おまじないの文句など、うたと同じような音楽的な効果をもつことばが出てきたりする話(「鳥呑爺」や「ねずみ経」など)も、聴覚のイメージがおもしろさをつくっている話といえます。

特別、音のおもしろさでもっているという話でなくても、たとえば、「三びきの子ブタ」や、「なら梨とり」などの三回のくりかえしの部分は、耳で聴いているときには、判で押したような同じことばのくりかえしが、たいへん耳に快く感じられるものです。こうしたくりかえしは、いわば最初のことば(音)の残響がまだ耳にあるところへ、同じことばが重なって反響するおもしろさといってよいので、くりかえされることばがそっくり同じで規則的であればあるほど、おもしろさが増します。しかし、このようなお話を絵本にしたものは、必ずといってよいほど、絵のくりかえしをさけます。三回の場面の中の一回を省略したり、あるいは、同じ場面をアングルを変えて描いたりします。ですから、絵本を見ながら、これらのお話を聴くと、聴覚のイメージが後退することになるのです。このように、もともと音のおもしろさに頼っている種類のお話はもちろんのこと、そうでないお話でも、その中にある音としてのおもしろさの部分が、絵本では往々にして、受け手の心の外へ押しやられてしまうおそれがあります。

昔話は、もともと語られ、聴くことによって成り立っていたのですから、聴覚に訴えるイメージが豊かなのはもちろんです。しかし、聴覚以外に訴えるイメージも、また豊かです。「ねずみじょうど」で、ねずみのしっぽにつかまって、ねずみの穴にはいったおじいさんが、こうこうと風を切ってすすんでいくときの感じ、「風の神と子ども」で、風の神のしっぽにのって子どもたちがふわっと空中にまい上がるときの感じ、ほかほかとゆげのたつ「たきたてのめしに豆腐汁」のおいしさ。「金の不死鳥」の中の、月の光をあびて木になっている銀色の知恵のリンゴにさわったときの「夜の空気のようにひんやりして、象牙のようになめらかな」感じ、などなど、昔話がわたしたちをさそいこんでくれる、視覚以外の感覚のたのしさは、一々例をあげられないくらいです。このように、昔話は、視覚以外の感覚にも訴えて、さまざまのイメージをひき出す豊かさを内蔵しているのです。それが、絵本にして見せられたために、視覚ばかりが先行してもっと別の感覚からもひき出せたはずのイメージが出てこなかったということになっては残念だと思います。

しかも、ここで注意したいことは、音とか、温度とか、ものの手ざわりとかいった視覚以外の感覚に訴える刺激は、わたしたちに直接働きかけるということです。したがって、それに対するわたしたちの反応も、反射的、無意識的になります。それが何かわかっていてさえ、わたしたちは熱いものにふれると思わず手を引っこめるし、大きな音を聞くと身をふるわせます。これに対し、目から来る刺激は、それだけではわたしたちの反応をさそいません。目に映ったものが何であるかを認識して、初めて反応が生まれます。当然その反応は、意識的なものになりますし、知的な性質を帯びるといえそうです。

このことから考えると、これは多分にわたしの勝手な推量ですが、絵本を見る(あるいは読む)とき、わたしたちの精神活動はどちらかというと知的な、意識的な領域に傾いている。しかし、お話を聴くときは、視覚はほとんど休んでいていいのですから――それどころか、集中して聴くために、自分から目を閉じる場合もあります――わたしたちは、自分を、視覚以外の感覚からくる、より直接的な刺激を受けいれやすい状態においておける。このことは、わたしたちの心が、知的であるよりは情動的、意識的であるよりは無意識的な状態になるということではないでしょうか。

昔話が、深層心理学者のいうように、人間の無意識の中で起こっているドラマを、外に出して見せたものであり、またそれを聞く者の無意識に働きかけて、その人の精神の均衡を保つのに役立っているとすれば、物語が受け手の心の深奥に働きかけやすい状態で物語を受けとめる、つまり、耳から聴くことが物語を十二分にたのしむ最上の方法だという気がします。ことに「七わのからす」のような、精神的に深い意味をもつ、象徴的な物語は、視覚からの刺激が次々とはいってこない状態で味わったほうが、ずっと得るものが大きいのではないでしょうか。

時間的な物語、平面的な絵

さて、耳で聴くお話と絵本の違いの第三点は、これもまた非常に根本的な、重大な問題ですが、お話は、刻々と動いていくものであるのに対し、絵は、どこか一点で止まっているものだということです。

子どもたちに「七わのからす」の話をしてやっていますと、女の子が旅に出ましたというところで、ぐっと緊張が高まるのがわかります。それまでは物語にさして強い関心を寄せていなかったと見える子さえ、ここからは身を乗りだすものです。どんな物語でも、主人公自身が動くというのが、幼い聞き手たちをひきつけるいちばんの要素なのです。ですから、ここでは、聞き手はもちろん、女の子が動き出すという動的なイメージを思い浮かべます。ところで、この個所を、ホフマンが、女の子が決意を秘めてじっと立っている静的なイメージで表現したことは、さきにふれました。しかし、これは、絵というものがもっている性質上、ある意味ではしかたのないことなのです。物語は、ひとつのことを語り終えれば、そのことはもうすんだこととして、次のことに移るというように、ことが時間的に動いていく性質をもっていますが、一枚の絵は、あるものの、あるときの姿を、画面という平面的なものの上に固定させるという性質をもっているからです。

一瞬前までは人間であったものが、次の瞬間にはからすになった。この変化は時間的なことですから、ことばでは何の矛盾もありません。しかし、この事実を、一枚の絵で表現しようとすると、人間であったときを描くか、からすになったあとを描くかしか方法がありません。からすになってはいるが、実は一瞬前には人間であったのだ。この人間とからすは、実はひとつの存在なのだということを、同一平面の上で表現しようという努力が、ホフマンに、ズボンをはいたからすを描かせたのでしょう。しかし、これが変身の過程を想起させ、魔法を魔法でなくする結果になったことは、先に述べた通りです。

このことに関連して、わたしが経験したひとつのエピソードをお話してみましょう。スロバキアの昔話に「十二のつきのおくりもの」というのがあります。美しい娘マルーシカが、いじわるなまま母の娘ホレーナに、「スミレをつんでこい」「イチゴをとってこい」「リンゴをもいでこい」と、三度も真冬の森へ追いやられる話です。マルーシカは、その都度森の奥で、たき火をしている十二人の男たち――十二の月の精――に助けられるのですが、マルーシカに同情した十二月の精は、スミレのときは三月に、イチゴのときは六月に、リンゴのときは九月に、それぞれ杖をわたして一時席をゆずります。三月が杖をたき火の上で大きくふると、「たちまち炎はもえあがり、雪はとけて」森は春になります。同じように、六月のときは夏に、九月のときは秋になります。月の精の杖のひとふりで、冬の森が、瞬時に、春、夏、秋へと変化するこの場面は、この物語の中でくりひろげられるあらゆる情景の中で、イメージとしてはいちばん美しい、すばらしい場面です。あるとき、お話の講習会で、受講生のひとりがこの話を語りました。ところが、肝心のこの美しく、また気持も高まる場面で、一向に感動がわきません。その人の話を聞いていると、炎が高くのぼったり、雪がとけたり、その下からみどりの草が現われたりするところが見えてこないのです。情景が動いていかないのです。

わたしは、以前にも別の話でそういう経験があって、思い当ることがあったものですから、その人に、「お話をおぼえるとき、どの本をごらんになりましたか?」と、きいてみました。すると、はたして「絵本で」という答がかえってきました(月刊絵本『こどものとも』、福音館書店、一九七一年十二月号、丸木俊絵)。この人は、お話をおぼえるとき、終始絵を見ながら、画面の一部に書かれた文章を読んでいたのでした。そのために、頭の中で、情景が次々と動いていかず、絵本の場面割り同様、ある区切りまではこの絵が、次の区切りは次のページの絵が、というように、その人の心の中にも、固定された絵本の絵のイメージがそのまま居座ってしまったのでした。

絵本の絵は、暗い冬の森か、雪がとけて春になった森か、そのどちらかしか描くことができません。刻一刻と変化じつつあるその変化の瞬間の不思議と美しさ、驚きと喜びを画面におさめることはできないのです。べったり絵本の絵によりかかって、自分でイメージを描こうとしなかったその人の語りが、動かず、見えてこず、生き生きしたものにならなかったのは当然でした。わたしは、その人に、あらためて文章を別の紙にうつしとり、いったん絵本から離れて、ことばから自分で自分のイメージをつくりながらお話をおぼえなおすように、その際、変化の美しさとおもしろさを十分感じとるようにつとめるよう助言し、数カ月のちに、この人は、この人らしいイメージを出してこの話を語ることができるようになりました。

「十二のつきのおくりもの」の例に限りません。ほとんどのお話は、ものごとの刻々の変化に、そのおもしろみの中心があるのです。よくできたお話は、ほとんどひとつひとつの文章の終りごとに、聞き手の側からの「それから?」「それで、どうなったの?」という問いをさそいます。実際にことばに出して問われないまでも、話はそれらの質問に答える形で進んでいくものです。語りの技術という点からいえば、聞き手とのこの潜在的対話をうまく成立させることが大きな課題であり、これは、ふつう間《ま》のとり方と呼ばれているものです。そして、間《ま》というのは、時間に他なりません。お話は、時間の流れにのってすすんでいくものなのです。

「ぼうずども、みんな、からすにでもなるがいい!」という父親の呪いのことばと、ばたばたという羽ばたきの音が聞こえるまでの間《ま》。女の子が指を一本切ってかぎ穴にさしこんでから戸があくまでのほんの一瞬の間《ま》。これらは、どんなに物語の劇的効果を生み出していることでしょう。しかし、絵本を見ていると、ばたばたという羽ばたきの音が効果的に響かなかったように、父親の呪いのことばも、その本来の威力を感じさせてはくれませんでした。また、美しいガラスの山を前にして立っている女の子の絵を目にしながらでは、戸が開くか開かないかという切迫した気持にはなりませんでした。

同じグリムの「一つ目二つ目三つ目《み》」を例にとってみましょう。この中には、まま母とまま姉たちにいじめられて、ひもじさに泣く二つ目が、仙女に教わって、ごちそうの出るおまじないをとなえる場面があります。「メエメエ小ヤギ、おぜんのしたく!」というそのおまじないのことばで、まっ白なテーブルかけのかかったおぜんが現われ、その上には銀のナイフやフォークといっしょに、今台所から運んで来たばかりといった、ほかほか湯気の立つごちそうが並ぶ——すっかりお話に夢中になっている子どもなら、舌なめずりをして聞くこの場面も、もし絵にするとなれば、おそらく、すでにごちそうののったテーブルが現われて、二つ目が食べているところが描かれるでしょう。はじめからその絵を目の前において、おまじないの文句を聞くのと、聞いた瞬間、これまでなにもなかったところへテーブルが現われるのとでは、話の受け手に与える効果は、どう考えてもちがってきます。物語の方が、どれだけおもしろいかわかりませんし、またどれだけ「ことば」に内蔵されている力を感じさせてくれるかわかりません。(こういう場面では、絵は、どうやらことばと互いに補いあい、効果を高めあうという方向には働かず、むしろことばの効果を弱め、ことばと競合する方向に働くように思えてなりません。)

要するに、絵本では、ページをめくるとき以外は、語りにおけるほど効果的に〝間《ま》〟を生かすことができないのです。語り手が、「『メエメエ小ヤギ、おぜんのしたく！』といってみました」といって、ことばを切る。すると、聞き手が「そしたら？」「ほんとにごちそうは出てきたの？」と身を乗りだす。この、内に劇的な事態の発展をはらんだ短い時間がもたらす醍醐味がないのです。

今、身を乗りだすといいましたが、語りにおける間《ま》の働きは、単に、話の刻々の変化のおもしろさを強調し、話の効果を高めるだけではありません。「それからどうなったの？」という問いを聞き手に出させ、聞き手をいっそう深く話にひきいれる働きをもっているのです。このことと、語りでは、その時間的な性質上、一時にひとつのことしか言わないということが、子どもが物語を聴く力を育てる上で、非常に大きな意味をもっていると思います。一時にひとつのことしか伝えないということは、逆に、聞き手の側からいえば、一時にひとつのことだけを受けとめればよいということです。そして、昔話では、そのひとつのことは、いつも、その話の筋の展開にとっていちばん肝要なことがらなのです。昔話では、「『メエメエ小ヤギ、おぜんのしたく！』といってみました」といってから、まわりの草原の様子を描写したり、そのときの空模様について語ったりはしません。つぎのことばは、おまじないの文句がはたして効き目をあらわしたかどうかという、そのときの聞き手の関心の中心に向けて発せられます。昔話ではこのように、いつもいつも、物語の発展の核になることしか語られませんから、集中力のない子どもでも、そのときどきに語られたことを受けとめてさえいけば、話の筋を十分にたどることができる――かなり長い話でも――のです。また、一時にひとつの情報しか与えられないために、「それで？」「それから？」「次は？」と、話の先を求める心がわき、さきに述べたように、語り手とのあいだに声には出さない対話をくりかえしつつ、物語を聴くことをおぼえます。このようにして、子どもたちは、能動的な聴き方を身につけるのです。

これに反し、ものごとをひとつの平面にさし出してみせる絵では、ふつう一枚の絵の中に、同時に多くの情報が与えられます。そのため、絵は、どうしても説明的になり、したがって、絵を見ながらお話を聞くことは、子どもにとって、絵に盛られた事実(情報)の説明を受けるといったことになりやすいと思います。「それからどうなったの？」と、話の先へ自分から迫っていこうとするよりは、「これは何なの？」「この人は何をしているの？」といった疑問をもって絵を見ることになるからです。画家が独自のイメージをふくらませ、一枚の画面に多くの細部を盛り込めば盛り込むほど、そのような見方が強められ、話の先よりも、絵の細部へ注意がひきつけられる結果になるでしょう。

また、時間的に相前後する情報が、同一画面の上に並列的に描かれているために、話の先が割れることも、絵本ではたびたび起こります。戸をたたく音を聞いて「だれかな？」と思うより先に狼が登場していたり、父親が呪いのことばを吐くより先に、からすへの変身が起こっていたりといったことです。こうしたことが、いっそう話の先へ寄せる関心を弱めるのは、いうまでもありません。

また、絵本を見ながらでは、お話へのはいりこみ方が、どうしても弱くなるのは、一枚の絵の中に数多く盛られた情報の中から、お話にとって肝要なものと、そうでないものとを取捨選択しなければいけないということからもきています。耳で聴いているときには、女の子が旅立つときに、指輪とパンと、水のはいったつぼ、腰かけをもって出かけたと聞けば、これらの品物は、語られた順に現われて、次のものが現われたときには消えていきます。しかも、品物のことが語られているときは、頭の中には品物しか浮かばず、それをもっている女の子や、その女の子の立っている場所などは見えていません。

しかし、絵本における旅立ちの場面はどうだったでしょう。この見開き二ページには、実にさまざまの〝情報〟が盛り込まれています。家、ハシゴ、木、門、へい、太陽、城、遠くの家々、教会、空、雲、鳥の群、山、馬車、橋、牛、等々。画面を目で追っていくと、肝心の女の子や、女の子がもっていった品物よりも、女の子の住んでいた場所の風景が心を占めます。この絵を見ながら、女の子が、指輪（小さすぎて画面には見えていない）と、パン（これも見えない）と、つぼと、腰かけをもって出かけたんだな、と思わなければならないとしたら、これは、お話をたどるという点からいえば、子どもには、実に大きな負担ではないでしょうか。たくさん与えられた情報の中から、話の筋の発展に必要なものを、瞬時に、選んで頭に入れなければならないからです。お話を聞いているとき、女の子がもっていった品物が頭に残ったのは、聞き手の判断力による選択の結果ではなく、それしか言われなかったからでした。絵は、細部を描きこめば描きこむほど、現実感が出てきますが、そうなればなるほど、その中で筋の発展に肝要な部分をとらえることがむずかしくなるのもまた事実です。

かといって、この場面で、ページの下に書かれている文章だけを読み、ろくに絵も見ずに次のページへとすすむなら、この本を絵本としてたのしむことにはならないでしょう。絵がこれだけ丹念に描きこまれているということは、やはりホフマンが、この絵を手がかりに、読者が、女の子の旅について、あれこれ思いをめぐらすことを期待しているからではないでしょうか。しかし、わたしたちが、ここで細かく絵をながめ、さまざまな思いにふけることは、かえって女の子や、その兄さんたちの運命に寄せるわたしたちの関心をそらすことになりかねません。これは、リュティが、「昔話は……すじの発展だけをたのしむものなので、……描写のためにどこかにたちどまることをしない」（『ヨーロッパの昔話』四三ページ）といっていることとまさに反対のことをさせることになるのです。昔話は、本質的に細部にはこだわりません。この点、子どもたちも同様です。実際、子どもたちに話をしていると、相手は、「なにがどうなったか」ということだけに関心があり、そのほかのことはどうでもよいと思っていることがよくわかります。直接すじに関係のない描写がはさまれたり、主人公の思い入れがあったりすると、そこだけふわっと浮くように感じられ、子どもがとたんにざわざわしはじめるのがわかるからです。こういう子どもたちにお話をするには、「すじの発展だけをたのしむ」ようにつくられた昔話の形式がいちばんふさわしいといえるのです。「筋の発展」以外にも、子どもたちの注意をそらし、別の連想をさそう可能性のある、たくさんの情報を含んだ絵を、次々にくりひろげて見せる絵本は、すでに知っているお話について思いめぐらすにはよいかもしれませんが、それによって物語を語っていくには問題があるという気がしてなりません。

事実、子どもに絵本を読んでやるとき――これは、昔話絵本に限りませんが――、子どもたちの注意が絵に集中するために、よほど絵と文章のかみ合わせがうまくいっていないと、子どもたちが次の絵をはやく見たがって、文をよく聞かなかったり、耳からはいってくる文と、見ている絵が違うために、文の方が子どもの心を上すべりして流れていったりということが起こります。「七わのからす」などでも、絵を見せながら読んでやると、そういうことが起こるのではないかと思われます。この絵本には、見開きにして、全部で十六の絵がありますが、第二章、第三章で指摘したように、筋の発展のポイントと絵は、必ずしもきちんと対応していません。文の一部を絵が拡大しているところもあれば、かなりの部分を絵にしないままおいているところもあります。

試みに、子どもに読んでやるように、ゆっくりと文を読みながら、一見開きに相当する時間をはかってみますと、つぎのようになります。

場面	時間(秒)
1	6
2	7
3	29
4	16
5	37
6	87
7	32
8	5
9	9
10	19
11	30
12	42
13	52
14	42
15	17
16	3

文との対応ということからだけ見れば、三秒しかかからない場面から、一分二十七秒もかかる場面まで、ずいぶん開きがあることがわかります。そして、三十秒以上かかる場面の文のうち、絵に対応している部分は、六秒から十秒程度です。ということは、絵を見ながらお話を聞いている子どもは、語られていることとはぴったり対応していない絵を見ている時間が長いということです。また、逆に、一場面に相当する文が、読むのに五秒前後という短い場面では、もし、文を読み終わってすぐページをめくるなら、絵も十分見られないということです。しかし、絵本は、ページ数も限られており、画面の流れや、バランスも考えなければならないことを考えると、どんなに工夫しても、絵と場面の対応がそううまくいくとは考えられません。時間的に一本の線として流れていく語りと、その流れの一点を平面上に拡大していく絵本との、どうしようもない矛盾が、ここにも現われていると思います。

画家のイメージ、読者のイメージ

ことばだけで語られる物語と、その物語を絵本にしたものとの間に、どうしても最後まで残る食い違いの第四のものは、ことばからは、受け手がめいめい独自のイメージを描くことができるが、絵本からは、画家のイメージを受けとることになってしまうという点です。これは、そもそも、ことばという抽象的なものと、絵という具象的なもの（少なくとも絵本の場合）との違いからきているといえますが、昔話が、同じようにことばで語られる物語の中でも、ことに〝抽象的、様式的〟な表現を、その特徴としていることにもよるでしょう。

これまでにもくりかえし述べてきたように、昔話は、一貫して細かい描写を避け、人物にも、背景にも個性を与えることを拒みつづけています。おじいさんならおじいさんというだけで、どんなおじいさんかはいわないし、川なら川、森なら森というだけで、どんな川か、何の木の森かといったことにはふれません。ひとりひとりの、個性のある人間や、特定の場所を描くのではなくて、おじいさんというもの、森というものを、総括的に、抽象的に描くのです。リュティが、さまざまの角度から分析して、説明しているように、昔話は、全体として、そのように個性から離れ、個別的な違いから離れ、複雑さから離れ、できるだけ単純に、様式的に、総括的にものごとをとらえようとします。昔話の表現は、徹底して「現実から離反する」方向をとっているのです。

絵本の絵は、これとは逆の方向をめざしているといってよいでしょう。現実――といってわるければ、あるひとつの具体的な世界——に近づこうとするのが、絵本の絵のめざすところです。絵では、おじいさんは、「おじいさんというもの」ではなくて、「あるおじいさん」になります。そして、その「あるおじいさん」は、「その画家のイメージしたおじいさん」ということになるのです。ことばでは、どんなおじいさんかを言わないために、受け手の側でいかようにでも思い描ける余地のあったおじいさんが、特定の、画家の描くおじいさんに限定されるのです。

もちろん、絵のスタイルにより、緻密な写実風の絵から、ある程度様式化されたものまで、昔話の映像化にもさまざまの段階があります。写実的な絵は、物語に現実感を与えるという点では効果があり、ときには、子どもが、自分ではイメージにすることのできない物語の世界を、子どもにひきつけて見せるという役を果たしてくれます。しかし、ホフマンの『七わのからす』で見たように、空想の世界を扱った昔話では、写実的な絵は、かえって〝非現実〟の世界をわたしたちから遠ざける働きをしました。

様式的な絵は、昔話自体の表現のめざしている方向と一致するから、昔話絵本の絵には適しているのではないかと考えられますが、必ずしもそうとはいえません。「うさこちゃん」シリーズでよく知られているオランダの絵本作家ディック・ブルーナが、「赤ずきん」など、いくつかの昔話を絵本にしていますが、それらの絵本では、ディック・ブルーナばかりが見えて、肝心の物語は感じられません。子どもを物語に親しませることが昔話絵本の目的であるとするならば、これらの絵本は、その役を果たしているとは思えません。

ディック・ブルーナの「赤ずきん」

リュティのいう「昔話の人物は図形だ」ということばそのままに、登場人物を円や三角で表わしたフランスのジャン・アッシュの「赤ずきん」(『丸と四角の世界――シンデレラと赤ずきんちゃん――』シャルル・ペロー原作、クリスチーヌ・ユエ訳、さ・え・ら書房、一九七五年)のような試みもなされていますが、成功はしていません。絵自体に、子どもをさそう人間的な要素が感じられないため、子どもが手にとろうとはしないのです。「赤ずきん」の物語を、このような絵本を媒介として語らなければならない必要は、どこにもない気がします。

このように、昔話絵本の絵は、一方では、それを見る者に、物語の中の出来事がいかにもありそうなことだと思わせる現実性を期待されていながら、もう一方では、見る者自身の想像を妨げないよう要求されている。一方では、見る者が自分ではイメージにすることができない物語の部分をイメージにすることに価値があるとされながら、もう一方では、あまりにも個性的な表現は、昔話にはそぐわないとされる、というふうに、相反する要求の間に立たされた、むずかしいものだと思います。そして、昔話本来の性質が、普遍的なもの、象徴的なものをめざしているだけに、画家に力量があり、個性をはっきり出した絵をかけばかくほど、その絵本は、その画家の世界を表現したものになり、だれにでもその人なりのイメージをゆるす昔話とは違ったものになるのです。

　ことばの抽象性と絵の具体性、昔話表現のめざす個性ぬきの抽象性と、絵が表現する個性の問題は、たとえば、グリムの「白雪姫」を例にとって考えてみるといちばんよくわかるかもしれません。白雪姫は、国中でいちばん美しいということになっています。この物語では、だれがいちばん美しいかということが問題で、その判定は、ほんとうのことしかいわない鏡によって下されます。わたしたちは、鏡のことばを真実のものとして受けとり、白雪姫をいちばん美しい人だと納得して話を聞きます。このとき、わたしたちは、どんな女の人をイメージしているでしょう。おそらく、非常に漠然としたイメージを浮かべるのではないでしょうか。髪はどう、目は何色、まつ毛の長さは、唇の大きさは、といった具体的な、部分的なところはつきぬけて、はっきりした形にはならないが、美しさそのもの、美の象徴としてのひとりの女の存在をつかんでいるということではないでしょうか。

ジャン・アッシュの「赤ずきん」

　実際、白雪姫は、この物語の中では、美を

象徴するものだと思います。「七わのからす」の女の子や、また、他の数多くの昔話の主人公のように、白雪姫は、自分からは行動しません。人によって動かされるだけで、終始受け身の状態のままです。これは、昔話の主人公としてはめずらしいことですが、それは、美というものの性質からきているのだと思われます。ですから、「白雪姫」では、姫は、ただある美しい女の人というだけではいけないので、世の中でいちばん美しい人でなければならない。そして、話を聞くわたしたちは、その美の極みである姫の存在を、なんとなく感じとって、納得して話を聞くのです。

しかし、その「この世でいちばん美しい人」を絵にするとなると、どうでしょうか。五年前、イギリスのナンシー・E・バーカートの手になる、一冊の白雪姫の絵本が出版されました(『白雪姫と七人の小人たち』八木田宜子訳、冨山房、一九七五年)。その姫は、たしかにハッとするほど美しいのですが、「これがいちばん美しい女の人だ」と決められたら、納得しない人が出てくるのではないでしょうか。ことばでは、すべての女の人の中でいちばん美しい人、美そのもの、などと言えても、絵では、ある美しい人しか描けないからです。ですから、白雪姫についても、名作絵本などにあらわれる、ありきたりの、気のぬけたような顔ならまだ受けいれられるのに、精魂こめて描かれた絵に出合うと、かえって強い心理的抵抗を感じるということになるのではないでしょうか。これは、ことばと絵の、どうしようもない違いであろうと思います。

第一章で述べたように、昔話が子どもに受けいれられやすい理由は、この「抽象的な表現」にあります。複雑さや、個性の違いや、奥行きをすっかり排して、単純に、総括的に表現して、聞き手がいかようにでもイメージできる自由を、最大限にゆるすという、この昔話の特質が経験の少ない子どもの、昔話への能動的な参加を可能にするからです。昔話は、いわば、根と幹だけでできている木のようなもので、聞き手が、自分の想像で枝葉を繁らせ、花をさかせて、完全なものにする、そこにおもしろみがあると考えられます。子どものとき、読んで、あるいは聞いて、波瀾万丈のたっぷりした物語だと思っていたものが、大人になって見てみると、二ページかそこらのものだった、ということは、多くの人が経験するところですが、これは、子どもが、自分の空想で、いかに多くのものを物語の幹のまわりに繁らせているか、いかに豊かにイメージをひろげているかを示す証拠だと思います。このように、子どもに自分の空想をさせること、それが、昔話のもっている、ひとつの大きな教育的機能だと、わたしたちは考えます。昔話が、いつも、絵本の形で子どもたちに与えられるとしたら、それは、子どもたちから、自分自身の想像力を駆使してイメージをつくりあげる機会を奪います。想像することも、やはり訓練によって発達する心の働きでしょうから、子どもは、与えられたイメージを受けとるばかりでなく、自分でイメージを描くこともしなければなりません。語り聞かせによる物語は、それをする、またとないよい機会なのです。子どもに代わって、性急に、何もかもを絵にしてさし出してやるということは、心して避けなければならないことだと思います。

子どもが、自分のイメージを描くことの大切さについては、わたしたちは、ブルーノ・ベッテルハイムの『昔話の魔力』から、多くのことを教えられました。この本には、単に、想像力を伸ばす訓練になるからというだけではない、子どもが自分で昔話をイメージにすることの、もっと深い、心理的な意味が説かれています。

ベッテルハイムは、子どもは、その成長の過程で、さまざまの心理的葛藤をくぐりぬけなければならないものだといっています。しかも、これらの葛藤は、ほとんど深い無意識の領域で起こるために、子どもはそれをどうコントロールしてよいかわかりません。昔話は、そのような子どもの心に働きかけて、子どもの心に、子どもが自分では見出せない想像の世界を切り開いて見せ、そこで、かれらがその正体を知らないまま悩んでいる問題に形を与え、それを克服する道を暗示し、解決への希望を与えて励ますのだというのです。それ故に、子どもにとって、昔話は、他のものに代えられない価値をもっている、とベッテルハイムは説くのですが、現代の少年少女小説や幼年向きのお話と違って、昔話がとくに価値があるのは、そのテーマや語り口の特質によって、昔話は、聞き手の意識だけでなく無意識にも訴えるからだと述べています。

〝無意識〟などという問題になると、わたしたちの生半可な知識であれこれいうことはためらわれますが、わたしたちは、子どもが、わたしたちにはわからない理由で、ある時期ひとつの昔話に非常に強い執着を示して、くりかえしくりかえし読んでもらいたがったり、わたしたちにはよく理解できない、一見非合理に見える昔話に、おどろくほどひきつけられたりしている姿を見てきて、そこに、〝無意識〟ということばを使えば説明がしやすくなる、ある不思議な力が働いているということは感じていました。ですから、たとえば、子どもが、昔話の中に出てくる魔物や、怪物に、自分の意識下にある不安や、憎しみや、嫉妬といった否定的な感情を投げかけ、それらの魔物や怪物が滅ぼされることによって、抑圧していたそれらの感情を解放させ、心の安定をはかることができるのだとするベッテルハイムの説明なども、なるほどそうであろうと、納得することができたのです。

ベッテルハイムは、『昔話の魔力』の中で、くりかえし、子どもが、そのときのその子のもっとも切実な問題を昔話の中に見つけ、その子にとって意味のあるメッセージを昔話の中から引き出してくることの重要さを述べています。そして、昔話が非常に象徴的な、受け手によって如何ようにも解釈できるような性質を備えているからこそ、それが可能なのだとも。

そうなってきますと、昔話は、子ども自身の心の要求に合ったイメージにしてはじめて意味があることにならないでしょうか。特定の画家が描いた特定の絵は、たとえそれが芸術的にどれほどすぐれていても、子どもの内的な要求を満たすものではあり得ないからです。ベッテルハイムは、この問題について、はっきりと「さし絵があると、昔話の中の人物やできごとが、子ども自身の想像力によってではなく、さし絵画家の想像力によって形を与えられてしまい、各人が受けとる、個人的な意味の大部分が失われる」(『昔話の魔力』八九ページ)と、いっています。

また、こうもいっています。

「たとえば、子どもたちに、お話に出てきた怪物はどんな姿なのだろうと聞いてみる。すると、巨大な人間のようなもの、動物に似ているもの、人間の特徴に動物のそれがいくぶん組み合わさったものなど、ありとあらゆる答が返ってくる。心の目の中に、その独得のイメージを絵にして実現した当人にとっては、これらの細部が、大きな意味をもっている。これに対して、特定の画家が彼の想像に合わせて彼の方法で描いた怪物の絵――それは、我々の描くぼんやりした、たえず変化するイメージに比べると、はるかに完成されてはいるが――を見ると、この意味が失われてしまう。そうなると、昔話の中の怪物は、我々になんら重要なことを語りかけてくれるわけではない、全く無関係なものになってしまう。そして、不安以上に深い意味を呼び起こさず、ただ、こわがらせるだけのものになるだろう。」と(同八九―九〇ページ)。

『だいくとおにろく』『ももたろう』など、日本の昔話の代表的な絵本を手がけてこられた松居直氏に、直接うかがったことですが、氏が、子どもたちのために、質のよい昔話絵本をつくりたいとお思いになった動機のひとつは、ある幼稚園で「ももたろう」だったか、「一寸法師」だかを子どもたちに聞かせて、あとで、その中の鬼の絵をかかせたら、ほとんどの子が、そのころテレビで人気のあった怪獣ものの怪獣だとか、〇〇マンだとかの絵をかいたということにあったそうです。氏は、子どもたちが、そんなイメージを浮かべながら、日本の昔話を聞いていると知ってショックをうけ、古い日本の美術の中にあらわれる、すばらしい鬼のイメージを子どもたちの前にさし出してやりたいと願って、代表的な日本の昔話の絵本化に取り組まれたとのことです。

たしかに、子どもたちの描くイメージが、テレビの画面からそのように徹底的な影響を受けていることは、大きな問題だと思います。しかし、子どもたちの描いた絵が、子どもたちのイメージをそのまま表わしていたともいえないのではないでしょうか。昔話を聞いてわたしたちが思い浮かべるイメージは、必ずしも、視覚的に、それほど鮮明な、とらえやすい形のものとは限らないし、心に映じたままを紙の上にうつすのは、容易なことではないからです。

わたしたちは、『七わのからす』の女の子を見たとき、「これは、わたしの思っていた女の子とは違う！」と、思いました。しかし、それならあなたの女の子を絵にかいてみなさいといわれたら、はたと困ってしまったでしょう。そして、無理にかいてみたとしたら、だれかのかいた絵に似てきたり、どこかで見たような姿になったりしたのではないでしょうか。もし、そのイメージが、無意識と深くかかわっていればいるほど、絵にするのは、むずかしいでしょうから。

そしてまた、たとえ子どもたちが、テレビドラマの怪獣に似たイメージを思い浮かべていたとしても、それが、その子にとって必要な、そしてまた必然性のある鬼のイメージになっていたとしたら、それはそれでよいことなのだといえないでしょうか。芸術的な価値は別として、ある子どものその子にとっての昔話の意味という点からすれば、怪獣のイメージも、それなりにその機能を果たしていると考えられます。

いずれにしても、子どもが、その子の内的な必要にしたがってつくりあげたイメージのみが、その昔話を子どもにとって意味のある経験にするのだというベッテルハイムの指摘は、昔話を絵本にするとき、よくよく心にとめておいてよいことだと思います。

子ども自身がイメージを描くことの大切さについては、もうひとつ別の側面があることをつけ加えておきましょう。それは、子どもは、自分自身の想像力に限界があるため、自分でイメージを描いている限りは、処理しきれないほど強い刺激は受けなくてすむ、ということです。子どもは経験も乏しいし、知識も十分ではありません。したがって、子どもの描くイメージは、大人のそれに比べて、完成度の低いものかもしれません。イメージにできることがらも限られています。しかし、そうだからこそ、子どもは、自分の身に合わない、自分で扱うことのできない、子どもの生活にはまだ現われていない数々の問題に、無理にさらされなくてすむ。自分自身の経験や、知識や、能力の不足によって守られている、という面があると思うのです。ことに、人生の悲惨な面、深刻な問題は、たとえ話に聞いても、生々しくは想像できない。したがって、それについての子どものイメージは、あいまいな、ぼんやりしたものになり、そのために、結果として、心理的に大きな傷を受けることからまぬがれるのではないでしょうか。

しかし、大人が、本来子どもが知り得べくもない悲惨事を、子どもの描くイメージとは比較にならぬほどの精密さで絵にして見せるとすれば、それは、そうした経験を受けいれるだけの準備ができていない子どもの心に、大きな傷を与えることになるでしょう。このことは、いわゆる昔話の〝残酷性〟を例にとって考えてみるとよくわかるのではないかと思います。一般に耳で聴いたときには、残酷と受けとられなかった昔話が、絵になったのを見たときには、非常に残酷な気がするということがあるようです。(たとえば、「スポンと首をはねました」ということばは、「スポン」という音の感じからいっても、少しも暗い、あるいは恐ろしい感じを与えませんが、切り落とされた首が地面に転がっている絵は、おそらくそれほど写実的に描かれていなくても、神経の繊細な子には、相当なショックを与えるのではないでしょうか。）このことは、もちろん耳で聴くことと、目で見ることの違いだけによるのでなく、語りの時間的な性質にもよります。語りは、時間的にどんどんすすんでいきますから、恐ろしいことが起こっても、その場面で立ち止まって、そのことだけについて想像をめぐらすというわけにはいきません。（女の子が指を切ってかぎ穴にさしこんだと聞いたときにはショックを受けても、もう次の瞬間、ガラスの山の戸があき、兄さんたちに会える場面が目前にくるので、聞き手は、話の展開に気持がいって、指のことは忘れてしまいます。）しかし、絵本の絵は、いつまでもそこにあり、強烈な絵であればあるほど、見る者の目を釘づけにしますから、場合によっては、物語は印象に残らず、その場面だけが、容易に消し去ることのできない印象を残すということもあり得ます。

自分でイメージを描いている限り、そのようなことは起こりません。自分で描くイメージは、その人の内的要求を満たすだけでなく、その人が必要としていないものを避けるものでもあるのです。

すぐれた画家による昔話絵本は、一方では、たしかに子どもたちの想像力を刺激し、昔話の世界をかれらに近づけるという役割を果たしています。しかし、もう一方で、昔話が、本来のやり方で――つまり、語ることによって伝えられたならば、当然子どもたちに働きかけたであろう力を、昔話から奪うこともあるのだということが、以上述べてきたことから、おわかりいただけたと思います。そして、子どもたちが、昔話を、単なる知識として受けとるのでなく、自分たちにとって意味のある体験として受けとめることを、わたしたちが願うとしたら、昔話絵本が昔話から奪っているものに、もっと目を向けなくてはならないと思います。第三者としてでなく、当事者として物語を我が身にひきつけること、刻々と動く物語の発展に関心を寄せること、あらゆる感覚を動員して物語を感じとること、自分独自のイメージを描くこと、これらのことは、すべて、子どもに物語への能動的な、積極的なはいりこみをさそうものであり、そのようにして物語に没入してこそ、物語が体験になるのだと思います。どのようにすぐれた昔話絵本が作られようとも、絵抜きで、ことばだけで、子どもたちに昔話を語って聞かせることの大切さを、忘れてはならないと、わたしたちは考えます。

五　昔話絵本に望むこと

ホフマンの手になるグリム昔話の絵本『七わのからす』を見て、「おや？　この絵本は、自分が思い描いていた物語のイメージとはずいぶん違う」と思ったところから出発した、わたしたちの昔話絵本についての勉強は、まだまだ考えなければならない多くの問題を残しながらも、これまでに述べてきたような形で、ひとつのまとまりに達しました。この段階で、わたしたちがはっきりさせたかったのは、昔話を享受する受け手の側からいって、ある昔話をことばだけで耳から聞くのと、それを絵本にしたものを見るのとでは、心の中で起こること、浮かんでくるイメージはけっして同じでないこと、物語を表現する手段としてみても、「語り」と「絵本」は、それぞれめざす方向が違っていること、でした。この点については、不十分ながらも、わたしたちの考えを整理することができたと思います。

わたしたちは、ここで、性急に「昔話を絵本にすることはよいかわるいか」といった議論はしたくありません。しかし、この問題を考えていけばいくほど、わたしたちが「昔話を安易に絵本にするのはよくない」「子どもに絵本になった昔話しか与えないのはいけない」と考えるようになったのは事実です。これは、昔話が本来語ることによって受け継がれてきたこと、また、すでに見てきたように、語られた昔話を聞くことによってのみ、子どもの心に生じるさまざまの効果があることに注目した結果なのですが、いまひとつには、現在子どもがおかれている状況を考えてのことでもあります。子どもたちは、今、あまりにも、なにもかもが「目に見えるもの」におきかえられて、かれらの前にさしだされる状況の中で暮らしているのではないでしょうか。あまりにも、外からの刺激に反応することにいそがしい生活を強いられているのではないでしょうか。子どもたちのために出版される本の四冊に一冊は絵本という昨今です。昔話に限らず、科学の本でも、趣味に関した本でも、さし絵や写真がふんだんに用いられて、「視覚化」されているのがふつうです。そして、子どもたちは、平均して、起きている時間の六分の一近くにも相当する時間をテレビの前で過ごしているのです。こうしたことが、子どもたちから、自分自身の心の中の世界を豊かにする機会、想像するたのしみを奪っています。そして、そのことが、かれらの人間としての成長、発達に歪みをもたらしていることは、すでにわたしたちの目にも明らかなところです。

わたしたちは、子どもたちが、目に見える世界だけでなく、目に見えない世界も知って大きくなることを願っています。目に見えない世界とは、子どもたちがめいめい自分の心の中で見る世界だといえます。そして、昔話は、ほかのどんな物語よりも、見えないものを見ることを容易にさせてくれる力をもっていると思います。ことばは簡潔、率直で、あいまいなところがなく、また、それだけで十分わたしたちの想像力を刺激する人物や場所、出来事が現われます。韻律のあることばや、比喩なども、昔話ならではの力強さで、わたしたちに訴えかけます。その上、昔話が語っている物語は、わたしたちの心の深奥のドラマであり、そのため、昔話は、わたしたちの意識だけでなく、無意識の層にも働きかけるのだと、心理学者たちは教えてくれています。昔話を通してなら、子どもたちは、容易に空想の世界にはいっていけるし、またその世界は、美しく、奥行きも深いのです。なにもかもが視覚化、映像化される今の世の中であるからこそ、イメージを喚起する力の強い昔話を、既成のイメージ抜きで、子どもたちに与えたい――それによって、子どもたち自身が、自分の空想をつむぐことができるように、というのがわたしたちの願いなのです。

だからといって、わたしたちは、昔話は一切絵本にしてほしくないと言っているわけではありません。日本の子どもたちの絵本の本棚を眺めても、すでに何冊かの昔話絵本が、子どもたちのあいだで、安定した愛読書の座を占めています。『おおきなかぶ』『かにむかし』『三びきのやぎのがらがらどん』『だいくとおにろく』『てぶくろ』など。日本では赤羽末吉[1]、瀬川康男[2]、外国では、フェリクス・ホフマンや、マーシャ・ブラウン[3]、あるいはラチョフ[4]といったすぐれた画家たちの昔話による数々の作品が、絵本の世界を豊かなものにしてくれたことは、だれしもが認めるところです。たしかに、何冊かの昔話絵本は、子どもに喜ばれているし、昔話絵本としての役割を果たしています。その役割とは何でしょう。昔話が絵本になったことがよかったと考えられるとしたら、それは、どういう点においてでしょう。この問題については、わたしたちは、自分たちの館だけでなく、ほかの図書館や、保育園の人たちの考えも聞いてみました。その結果、昔話絵本のよさは、大きく次の四つの点にまとめられるようです。

まず、第一は、絵本になったために、子どもがそのお話を知ることができたということ。つまり、絵本がなければ、多くの子どもたちは、「三びきのやぎのがらがらどん」も、「かにむかし」も、「おだんごぱん」も、その他数多くの昔話も、知らずに終わったのではないかということです。たしかに、これらのお話を空で知っていて、子どもに語ってやれる親や教師は多くないでしょうし、幼い子どものために本をさがすとなれば、ふつうの人は絵本をさがします。昔話集を買って読んでやることなどは、あまり思いつかないでしょう。昔話の絵本が数多く出版されるようになってから、子どもたちが昔話に親しむ機会が増えた、というのは事実かもしれません。そして、子どもが昔話にふれずに育つことを考えれば、このことはやはり喜ぶべきことといっていいでしょう。

第二に、絵本があると、子どもはひとりでも、お話をたのしむことができる。また、気にいった場面をいつまでもながめて、そこから、自分の空想をつむぎだすことができるということ。なるほど、耳で聞くお話は、だれか語ってくれる人がいなければなりませんし、語りは、それこそ時間的なものですから、語り終えれば、お話は〝消えて〟しまいます。子どもがその気になったとき、いつでも、なんどでも聞けるというものではありません。その点、いちど語ってもらった、あるいは読んでもらったお話の絵本を、好きなときにとりだして、好きなようにながめてたのしめるというのは、絵本のいい点のひとつに数えてよいでしょう。

第三は、絵本の絵が子どもの想像力を刺激して、これを助ける場合があるということ。「幼児は、いかに絵本に出会うか」という文章の中で、渡辺茂男氏は、「お話して」とせがみはじめたお子さんに、

「三びきのやぎのがらがらどん」の話をしたときのことを述べていらっしゃいます(『絵本の与え方』渡辺茂男著、日本エディタースクール出版部、一九七八年、四三—四四ページ)。お父さんが即興に作る、日常生活に材料をとったお話には、喜んで反応していた二歳七カ月の息子さんは、はじめて聞くノルウェーの昔話には、最初から困惑の表情を見せ、途中で、「ぼくに見えないよう!」「ぼく、わかんないもん!」と、叫んだそうです。渡辺氏は、述べておられます。

「すばらしい昔話でも、二歳七カ月の光太の心の眼には、何の絵柄も作らなかったのです。やぎのがらがらどん、山の草、谷、橋、トロル、目玉は皿のよう(比喩)、鼻は火かき棒(比喩)などのことばが、かれの心に何の絵も描いてくれなかったのです。ここではあえてふれませんが、実は、ここにすぐれた絵本の働きがあるのです。わたしは、マーシャ・ブラウンの描く『三びきのやぎのがらがらどん』を見せながら読んでやったのではないのです。もし、絵を見せながら話してやったなら、光太は、もうすこしわかったかもしれません。絵本の絵が、ことばだけでは、かれの想像力のとどかない未知のものを、あるいは見せてくれたかもしれません。あるいは、このすぐれた絵本は、光太にとって、ねこに小判だったかもしれません。」

保育園で、この絵本が、子どもたちにくりかえし読まれ、あるいは平均台を、あるいはテーブルを橋に見たてて、子どもたちがあきもせずトロルごっこをたのしんでいるのを見ると、子どもたちをひきつけているのは、トロルとやぎの対決のドラマだとはわかるものの、最初に絵がなかったら、このドラマの世界に、これだけすんなりとはいっていったかどうか、ということは考えさせられます。

ことに、昔話が、異なる風土のものである場合、出てくる人物(動物)や、場所が、あまりにも子どもたちの知っている世界からかけはなれている場合、絵が想像への手がかりを与えてくれることはありましょう。また、絵に描かれた人物や風景の珍しさそのものが、さらに未知な世界への好奇心や、憧れを育てることもありましょう。ことばと違って絵は、一瞬のうちに、直接的に、心にある印象を刻みこむということがありますから、ある感受性をもった子どもが、ある画家のスタイルや、独得の色調から、ある雰囲気を感じとり、それに深く影響されるということもでてきましょう。

この第三の点は、絵本の大きな力であり、同時に、大きな危険でもあると考えられます。また、絵の質、画家の力量といったことを抜きにしては語れない点でもあります。こまかく、つきつめて考えていけば、いろいろ問題があり、断定的なものの言い方ができない点ですが、「絵本の絵が、ことばだけでは想像力のとどかない未知のものを、あるいは見せてくれるかもしれない」とだけはいえそうです。

第四に、これは、保育者たちの切実な、実際的な要求でもあるのですが、子どもが、昔話の中に出てくるものを知らないので、絵があるとわかりやすいということ。実際、子どもに昔話を語るとなると、このことはたしかに問題です。山へ柴刈りにいったおじいさんを、芝刈り機で芝生を刈っていると思っていたり、川で洗濯をするおばあさんを、川のふちに白い電気洗濯機をおいて洗濯をしていると思っていたりした子がいるということは、半ば笑い話として、わたしたちがよく聞くことです。

家の構造や、生活様式がすっかり変わってしまったために、外国の昔話よりも、かえって日本の昔話の方がわかりにくくなっているということも事実です。みのやたわらはおろか、炭も知らない子もいるこのごろです。ノミやシラミといったら、「それ、なあに？」ときかれたり、最近の例では、障子を知らない子がいたりして、戦後生まれの語り手さえ、びっくりさせられることが多いのです。

ころがった豆を追って、地下の穴へはいったおじいさんが、地蔵さまに教えられた通り、家のはりにのぼって、みをたたいてニワトリの鳴きまねをし、下でバクチをうっていた鬼どもを追っぱらう(豆コばなし)などという光景は、たしかに今の子どもにはイメージにしにくいことでしょう。太いはりがむき出しになっている家の内部や、みの絵があったら、確かに状況がよくわかって助かるでしょう。

外国のお話にしょっちゅうでてくる糸車だの、粉ひき小屋だのも、ちゃんとした絵があったら、よりお話がよく理解できて便利です。ユネスコアジアの共同出版計画による、『アジアの昔話』シリーズ(全六巻、福音館書店、一九七五—一九八一年)では、その国の話にはその国の画家がさし絵をつけることにしたので、ずいぶん、それぞれの風土や、生活習慣がよくわかる、興味深い絵があつまりました。ものの運び方ひとつ、食事のしかたひとつとっても、日本とは違う、その国独得のやり方があり、さし絵のおかげで、それがはっきりわかって、お話がいっそう身近に感じられました。

ですから、「さし絵は、読み手の助けになるよりむしろ、読み手を混乱させる。さし絵入りの読み方の本の研究によると、さし絵は、学習の役に立つよりは邪魔になることのほうが多いという。さし絵が、子どもの想像力を、その子自身が読んで経験することとは違う方向に向けてしまうのだ」(『昔話の魔力』八九ページ)とばかりはいいきれないと思います。想像力を働かそうにも、それによってイメージをつくるべき材料の断片ももっていない場合、さし絵が、その材料を提供し、それが刺激となって、わたしたちが、自分でイメージをつくるのを助けてくれる、ということが事実あるからです。昔話の舞台になっていた時代と、生活があまりにも激しく変化してしまった現在では、ここにも、絵による想像への橋わたしが要求されているのかもしれません。

しかし、「それなら」と、わたしたちは問いたいのです。「どうしてさし絵のついた本ではいけないのか、なぜ絵本でなければいけないのか」と。

絵本ということになれば、絵で物語を語らなければなりません。しかも、それを一定のページ数、判型の枠の中でしなければならないのです。文章の量からいって、レイアウトもある程度決まってしまいます。場面と場面のつながりも考慮にいれなければなりません。となると、イメージにする必要のあるものも、ないものも、あるいは、本質的に視覚的なイメージにおきかえるのに適しているものも、そうでないものも、あるいは、ベッテルハイムが主張している意味で、個人的なイメージにしてこそ意味のあるもの――したがって、画家の方で絵にしてしまってはいけないもの――まで、まんべんなく絵にするということが、ある程度避けられなくなってくるのではないでしょうか。昔話は、絵の働きと、絵の限界、絵が子どもに対してもっている意味をよくわきまえて、必要最小限のさし絵をつけた読みものの本に仕立てて、大人がそれを読んでやる、語ってやるというのが、昔話が子どもに与えられる際のいちばん望ましい形ではないかというのが、わたしたちが到達した、ひとつの結論です。

昔話を絵本にすることは、現在も、どんどん行なわれています。わたしたちが考える安易な絵本も、数多く出版されています。絵本として必ずしもよい出来とはいえないものでも、比較的子どもたちによく読まれるのは、やはりなんといっても、物語の骨組みがしっかりしているからでしょう。ちょっとした思いつきに尾ひれをつけたようなものでしかない創作の絵本の中に置けば、昔話の物語の強さと安定感は、やはり抜きん出たものであることがわかります。無残ともいいたいほどの改ざんや、ダイジェストが行なわれたものでさえ、子どもをとらえる力が強いのは、昔話のモチーフに、それだけのしたたかな生命力があるということでしょう。

そうであればあるだけ、昔話を大切に扱ってほしい、その形や内容の美しさ、深さがまっすぐ届くようなやり方で、昔話を子どもに与えてほしい、と、わたしたちは願います。

出版社に対しては、昔話を絵本に仕立てることについて、もっと慎重であることを望みます。絵本にする昔話を選ぶ際には、その物語は、絵本にするのに適当かどうか、視覚的イメージにおきかえるのが困難な話ではないのか、視覚以外の感覚に訴えるイメージのおもしろさで成り立っている話でないのかどうか。そういった点によく心を配って、物語を選んでほしいと願います。

物語を選んだら、同じように慎重に画家を選んでほしいものです。また、画家は、編集者とよく話し合って、絵にする場面、すべきでない場面、絵を描く視点の問題、構図、文章の配置のしかた等々を、注意深く検討してほしいと思います。このとき、昔話のもっている表現上の特徴や語りの流れとリズム、子どもがそれを聞いて味わうであろうさまざまな感じなどに、注意を払ってほしいことはいうまでもありません。とにかく、昔話に対しても、子どもに対しても、十分な尊敬をもって仕事をしてもらいたいと願います。

子どものために本を選ぶ立場にある大人たちには、昔話は絵本になったものを与えておけばよいと考えてほしくありません。昔話本来の特質や、その子どもにとっての意味から考えて、昔話は、基本的には語られてこそ生きるものだと思います。すぐれた昔話絵本を選んで子どもに手わたしてやることも大事ですが、それ以上に、大人が絵本に頼りっ放しでなく、自分の声とことばで、子どもに昔話を語ってやることが大事です。このことは、いくら声を大にして訴えても訴えたりない気がします。

昔話は、たのしみのみなもととしても、教育の手段としても、子どもたちにとってかけがえのない宝です。子どもを育てる立場にある大人たちが、昔話が子どもに対してもっている意味と、その大きな力をよく理解して、できる限り、〝語る〟ことによって、この宝を子どもたちに伝えてくれることを願ってやみません。

(1) 赤羽末吉(あかば・すえきち、一九一〇—九〇) 東京生まれ。一九六一年『かさじぞう』で絵本作家として登場。『だいくとおにろく』『ももたろう』など、数多くの日本昔話絵本を手がける。内外の賞を数々受けているが、一九八〇年には、国際アンデルセン賞大賞を受賞。

(2) 瀬川康男(せがわ・やすお、一九三二—) 岡崎生まれ。『ふしぎなたけのこ』で第一回チェコBIB世界絵本原画展グランプリ受賞。代表作は『鬼』『ももたろう』『ことばあそびうた』など。日本画の絵本作家として知られ、初期のスピード感溢れる特異な画風から、最近はより様式的になる。

(3) マーシャ・ブラウン(Marcia Brown, 1918—) アメリカの絵本作家。ニューヨーク州ロチェスター生まれ。

教師、図書館員を経て絵本作家に。自身すぐれた語り手でもあり、一作ごとに作風を変えて、いくつかの昔話絵本を生み出している。『シンデレラ』によって一九五五年度のコルデコット賞受賞。一九六二年にも『あるひ、ねずみが』で再度同賞を受賞。

(4) エフゲニー・ミハイロヴィチ・ラチョフ(Evgenii M. Rachyov, 1906—1997) ソビエトの代表的絵本作家。トムスク出身。民族衣裳をつけた動物たちの絵で有名。画風は重厚で、力強く、邦訳された『てぶくろ』『マーシャとくま』などによって、日本の子どもにも親しまれている。

参考文献

フェリクス・ホフマンのグリムの昔話絵本

一九五七年『おおかみと七ひきのこやぎ』（瀬田貞二訳　福音館書店　一九六七年）
一九五九年『ねむりひめ』（瀬田貞二訳　福音館書店　一九六三年）
一九六〇年『ながいかみのラプンツェル』（瀬田貞二訳　福音館書店　一九七〇年）
一九六二年『七わのからす』（瀬田貞二訳　福音館書店　一九七一年）
一九六六年『うできき四人きょうだい』（寺岡寿子訳　福音館書店　一九八三年）
一九七〇年『つぐみひげの王さま』（大塚勇三訳　ペンギン社　一九七八年）
一九七三年『おやゆびこぞう』（大塚勇三訳　ペンギン社　一九七九年）
一九七五年『しあわせハンス』（瀬田貞二訳　福音館書店　一九七六年）
一九七七年『くまおとこ』（酒寄進一訳　福武書店　一九八四年）

文中に出てくる昔話絵本

『あかずきん』　ディック・ブルーナ作／かどのえいこ訳　講談社　一九九四年
『おおかみと七ひきのこやぎ』　グリム童話／フェリクス・ホフマン絵／せたていじ訳　福音館書店　一九六七年
『おおきなかぶ』　内田莉莎子再話／佐藤忠良画　福音館書店　一九六二年
『かにむかし』　木下順二文／清水崑絵　岩波書店　一九五九年
『三びきのやぎのがらがらどん』　北欧民話／マーシャ・ブラウン絵／せたていじ訳　福音館書店　一九六五

年
『七わのからす』　グリム童話／瀬田貞二訳／堀内誠一絵　福音館書店(こどものとも四一号)　一九五九年八月
『十二のつきのおくりもの』　スロバキア民話／内田莉莎子再話／丸木俊画　福音館書店(こどものとも一八九号)　一九七一年十二月
『白雪姫と七人の小人たち』　N・E・バーカート画／八木田宜子訳　冨山房　一九七五年
『だいくとおにろく』　松居直再話／赤羽末吉画　福音館書店　一九六二年
『てぶくろ』　ウクライナ民話／エフゲーニ・M・ラチョフ絵／うちだりさこ訳　福音館書店　一九六五年
『ねむりひめ』　グリム童話／フェリクス・ホフマン絵／せたていじ訳　福音館書店　一九六三年
『ふしぎなたいこ』　石井桃子文／清水崑絵　岩波書店　一九五三年
『丸と四角の世界』　ペロー原作／ジャン・アッシュ画／クリスチーヌ・ユエ訳　さ・え・ら書房　一九七五年
『ももたろう』　松居直文／赤羽末吉画　福音館書店　一九六五年
『やまんばのにしき』　まつたにみよこ文／せがわやすお絵　ポプラ社　一九六七年

昔話について

『ヨーロッパの昔話――その形式と本質――』　マックス・リュティ著／小澤俊夫訳　岩崎美術社(民俗民芸双書三七)　一九六九年
『昔話　その美学と人間像』　マックス・リュティ著／小澤俊夫訳　岩波書店　一九八五年
『昔話の本質――むかしむかしあるところに――』　マックス・リューティ著／野村泫訳　福音館書店　一九七四年(『昔話の本質』　ちくま学芸文庫　筑摩書房　一九九四年)

『昔話の解釈――今でもやっぱり生きている――』　マックス・リューティ著／野村泫訳　福音館書店　一九八二年（『昔話の解釈』ちくま学芸文庫　筑摩書房　一九九七年）
『昔話の本質と解釈』　マックス・リューティ著／野村泫訳　福音館書店　一九九六年（『昔話の本質』と『昔話の解釈』を合本）
『昔話の魔力』　ブルーノ・ベッテルハイム著／波多野完治・乾侑美子共訳　評論社　一九七八年
『昔話の深層』　河合隼雄著　福音館書店　一九七七年（『昔話の深層――ユング心理学とグリム童話――』講談社＋α文庫　講談社　一九九四年）
『昔話は残酷か――グリム昔話をめぐって――』　野村泫著　東京子ども図書館　一九九七年（『昔話の残酷性』一九七五年刊を改題）
「昔話」『児童文学論』（五八―九四ページ）　L・H・スミス著／石井桃子ほか訳　岩波書店　一九六四年
「むかしむかしあるところに――民話とその由来についての覚書――」『子どもの本の世界――三〇〇年の歩み――』（五五―八一ページ）　ベッティーナ・ヒューリマン著／野村泫訳　福音館書店　一九六九年
「昔話と子どもの空想」　シャルロッテ・ビューラー／森本真実訳／松岡享子編『こどもとしょかん』82号（二一―一九ページ）　東京子ども図書館　一九九九年
「昔話における〝先取り〟の様式」　松岡享子『昔話と俗信』昔話―研究と資料28号（六六―七六ページ）日本昔話学会編　三弥井書店　二〇〇〇年

昔話絵本について

「絵本の作品研究・試論――『ねむりひめ』」『絵本とは何か』（一三六―一五九ページ）　松居直著　日本エディタースクール出版部　一九七三年
「物語る絵と細部――『てぶくろ』」『絵本をみる眼』（一九―三一ページ）　松居直著　日本エディタースクー

ル出版部　一九七八年
「フェリクス・ホフマンの遺産」『絵本をみる眼』(一八七―一九七ページ)
「絵本『ももたろう』の誕生」『絵本をみる眼』(二三三―二八五ページ)
「メルヘン絵本について」『絵本の与え方』(一六三―一七六ページ)　渡辺茂男著　日本エディタースクール出版部　一九七八年
『ウォルト・ディズニーの功罪』　F・C・セイヤーズ／八島光子訳　子ども文庫の会　一九六七年
「昔話と絵本表現」　松居直　『こどもとしょかん』13号(二―一一ページ)　東京子ども図書館　一九八二年
「昔話の絵本表現について」と改題して『絵本を読む』に収録(一五―三〇ページ)　松居直著　日本エディタースクール出版部　一九八三年

東京子ども図書館は、東京にある四つの家庭文庫——石井桃子のかつら文庫、土屋滋子のふたつの土屋児童文庫、および松岡享子の松の実文庫——を母体として発足した、法人組織の私立図書館です。一九七四年に設立、二〇一〇年に内閣総理大臣より公益財団法人に認定されました。子どもたちへの直接サービスのほかに、〝子どもと本の世界で働くおとな〟のために、資料室の運営、出版、講演・講座の開催、人材育成など、さまざまな活動を行っています。くわしくは、当館におたずねくださるか、ホームページをご覧ください。

〒一六五−〇〇二三　東京都中野区江原町一−一九−一〇
電　話　〇三−三五六五−七七一一
FAX　〇三−三五六五−七七一二
URL　http://www.tcl.or.jp

新装版あとがき

しばらく品切れの状態にあり、少なからぬ数のお問い合わせをいただいていた本書が、このたび新装版として復刊されることをたいへんうれしく思っています。

本書は、最初『昔話を絵本にすること』と題して、東京子ども図書館から刊行されました。一九八一年二月のことです。東京子ども図書館は、一九五〇年代後半から東京で活動をはじめた家庭文庫――個人が家庭を開放して近所の子どもたちのために開く小規模な図書室――を母体とするグループで、中心となったのは、石井桃子氏のかつら文庫など四つの文庫の仲間たちでした。

グループのメンバーは、定期的に集まって、子どもの本について勉強したり、文庫の運営について話し合ったりしていました。また、これらの文庫では、子どもと本を結ぶ手立てとして、本を読んで聞かせたり、お話をしたりすることに力を入れていましたので、そのための勉強もしていました。本文にも記しましたが、その集まりで、仲間たちが、手さぐりながら、大いに興味をもって取り組んだテーマが昔話でした。子どもたちを目の前にして、お話を語る経験を重ねていくと、いやでも昔話のもつ不思議な力にひかれないわけにはいかなかったからです。

一九七一年の夏、当時の勉強会のメンバーは、昔話についての勉強の一環として、フェリクス・ホフマンの絵本『七わのからす』を題材に合宿を開きました。昔話を耳で聞くことと、絵になったものを見ることとの違いを、自分たちの体験に照らして考えてみるためでした。これが非常におもしろかったので、翌年の合宿で、もういちど同じテーマを取り上げました。この二回の合宿で話し合ったことをまとめたのが本書です。このときの話し合いの記録を、仲間うちだけでなく、ほかの人たちにも読んでもらえるような形でまとめておきたいという願いは、合宿直後からありました。けれども、一九七四年に、東京子ども図書館が財団法人として発足することになり、そのための準備や、新しい活動のために、たいへん忙しくなってなかなか実現しませんでした。

しかし、つぎつぎに出版される安直な昔話絵本を見るにつけても、また逆に、素朴に語られる昔話に対して見せる子どもたちの深い反応を目の当たりにするにつけても、この記録を公けにしたいという願いは強まる一方でした。いろいろな場で、昔話や絵本のことが取り上げられるとき、これが本になっていれば……と何度も思ったものです。その後、東京子ども図書館が、活動のひとつとして、図書館員や保育者のために小冊子を出版するようになり、この記録もわたしたちの手で刊行したいとの希望が生まれました。そこで、合宿の参加者のひとりであった木村則子が最初の原稿を作成し、それに松岡が大幅に筆を加え、できるだけわたしたちのたどった考えの筋みちがわかるように構成しなおして、本の形にまとめました。そして、合宿からほぼ十年経ってようやく、館としては初めての単行本として発行されたのです。

それから、五年後、日本エディタースクール出版部のご好意で、刊行していただけることになり、このとき標題を『昔話絵本を考える』に改めました。もとの題では、昔話を絵本にするにはどうすればいいかを論じた内容ととられかねないとの指摘があったからです。日本エディタースクール出版部から刊行されることで、広く一般の読者の目に触れ、手に取られる機会ができたことはありがたいことでした。

幸いにも、刊行以来、読者からは、静かながらも確かな手ごたえがかえってきています。本書は、研究者でもなんでもない、ただ子どもたちに素朴に昔話を語ってきた者が、いわば〝素人の直感〟に根ざして考えたことをまとめたものにすぎませんが、なによりも子どもの反応と、自分たちの体験をもとにしているので、説得力があるのでしょうか。とくに、子どもたちといっしょに昔話や絵本をたのしんでいる人たちの共感を得ることができました。少なくとも、子どもと昔話の出会いを用意するとき、なにもかもを絵にして見せるのでなく、ことばが喚起するイメージを子どもたち自身の想像力によってふくらませることが大切ではないか、というわたしたちの主張は、多くの方に理解されたと思います。

しかし、本書では、昔話を耳で聞くことの大切さを強調するあまり、昔話絵本そのもの、とくにそれが子どもたちに対してもつ積極的な意味については、十分に考えることができませんでした。その点については、すでに初版のあとがきで、個々の昔話絵本をていねいに見て、その出来不出来、よしあしを見きわめ、すぐれた昔話絵本のすぐれた点を解明することが、これからの課題になると述べています。残念ながら、昔話絵本についてのわたしたちの勉強は、その後あまり進展していません。しかし、この二十年間、子どもたちに昔話を語りつづけた経験は、本書でわたしたちが考えたことを、基本的に確認し、支持するものでした。ただ、わたしたちが目にする風景や、わたしたちの暮らしぶりが、昔話の世界からひどくかけ離れてしまった現在、子どもたちが昔話——とりわけ日本の昔話——を聞くとき、以前よりもっと絵の助けを必要としていることは事実です。また、鬼や、河童といった超自然的存在について、民族が共有している、伝承のイメージを伝えていくという役割も、絵本がより大きく担わなければならない状況にあります。物語だけでなく、イメージも伝承されていくこと、物語と並んで、そうしたイメージの共有が、文化的な連帯感や、帰属意識を育てることを、その後さまざまな勉強を通じて学んできた今、さらにそうした観点からも昔話絵本を考えていかなければならないと感じています。

わたしたちの立場は、絵本も、昔話も、直接子どもとともにたのしむところにあります。この基本姿勢から離れずに、これからも、昔話や、絵本について、わたしたちなりの勉強をつづけていきたいと思っています。

二〇〇二年十一月

東京子ども図書館
松岡享子

松岡享子（まつおかきょうこ）
1935年神戸市に生まれる．神戸女学院大学英文学科，慶応義塾大学図書館学科を卒業．1961年渡米．ウェスタンミシガン大学大学院で児童図書館学専攻ののち，ボルチモア市立イーノック・プラット公共図書館に勤務．帰国後，大阪市立中央図書館を経て，自宅で家庭文庫を開き，児童文学の翻訳，創作，研究を続ける．1974年㈶東京子ども図書館を設立．現在，同館理事長．
著書に，絵本『とこちゃんはどこ』『おふろだいすき』（福音館書店），『うれしいさん かなしいさん』（東京子ども図書館），童話『なぞなぞのすきな女の子』（学習研究社），『くしゃみくしゃみ天のめぐみ』（福音館書店），訳書に『がんばれヘンリーくん』（学習研究社），「パディントン」シリーズ（福音館書店）など．ほかに『えほんのせかい こどものせかい』『お話を子どもに』『お話を語る』（日本エディタースクール出版部），『サンタクロースの部屋』（こぐま社），『ことばの贈りもの』（東京子ども図書館）など大人むけの研究書・エッセイがある．

昔話絵本を考える〔新装版〕
一九八五年十二月二十日 第一刷発行
二〇〇二年十一月二十八日 新装版第一刷発行
二〇一三年十一月 五 日 新装版第四刷発行
著 者 松 岡 享 子
著作権所有 （公財）東京子ども図書館
発行者 日本エディタースクール出版部
一〇一-〇〇六一 東京都千代田区三崎町二-四-六
電 話（〇三）三二六三-五八九二
FAX（〇三）三二六三-五八九三
http://www.editor.co.jp/
e-mail: press@editor.co.jp

精興社
ISBN4-88888-328-9